AF206398

HOCHSCHULE
FÜR ÖFFENTLICHE
VERWALTUNG KEHL

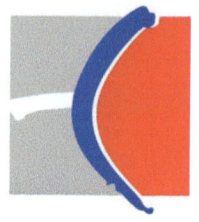

Entwicklung einer Balanced Scorecard

Am Beispiel des Personalwesens der Stadt Kehl

2019

von

Clemens Frey

FSC
www.fsc.org
MIX
Papier aus ver-
antwortungsvollen
Quellen
Paper from
responsible sources
FSC® C105338

Bibliografische Information der Deutschen Nationalbibliothek:

Die Deutsche Nationalbibliothek verzeichnet diese Publikation
in der Deutschen Nationalbibliografie; detaillierte
bibliografische Daten sind im Internet über http://dnb.dnb.de
abrufbar.

© 2019 Clemens Frey

Herstellung und Verlag: BoD – Books on Demand, Norderstedt

ISBN: 9783746081724

Inhaltsverzeichnis

Abbildungsverzeichnis

Tabellenverzeichnis

Abkürzungsverzeichnis

Anm. d. V.	Anmerkung des Verfassers
BGM	Betriebliches Gesundheits-management
BSC	Balanced Scorecard
Bspw.	Beispielsweise
Bzw.	Beziehungsweise
DMS	Dokumentenmanagementsystem
GmbH	Gesellschaft mit beschränkter Haftung
i. d. R.	in der Regel
KGSt	Kommunale Gemeinschaftsstelle für Verwaltungsmanagement
NSM	Neues Steuerungsmodell
PBL	Produktbereichsleiter

TDK	Technische Dienste Kehl
TVöD	Tarifvertrag des öffentlichen Dienstes
u. a.	unter anderem
u. ä.	und ähnlich
Vgl.	Vergleiche
z. B.	zum Beispiel

1 Einleitung

„Was müssen wir tun, um langfristig erfolgreich zu sein?" Dies ist eine Frage, die sich das strategische Management ständig stellt.[1] Im Rahmen des neuen Steuerungsmodells (NSM) hat auch die strategische Steuerung Einzug in die öffentliche Verwaltung erhalten. Das NSM steht für die Einführung von betriebswirtschaftlichen Methoden, um die Verwaltung effizienter zu gestalten.[2] Hauptsächlich dominiert dabei das operative Management, indem Prozesse und deren Ergebnisse im Mittelpunkt stehen.[3] Doch die Prozesse können noch so effizient gestaltet sein: Erzielen sie nicht die benötigte Wirkung, sind Ressourcen dennoch verschwendet.

Ein Instrument, das diese beiden Sphären miteinander verbindet, ist das von Robert S. Kaplan und David P. Norton entwickelte Balanced Scorecard-Konzept. Das Konzept basiert auf einer ausgewogenen Auswahl von monetären und nichtmonetären Zielen und Indikatoren, die den Erfolg eines Unternehmens messen. Doch die Balanced Scorecard (BSC) ist nicht nur ein reines Kennzahlensystem um die eigene Leistung zu beurteilen. Durch die Verbindung mit Zielen entsteht ein strategisches Steuerungsinstrument, welches die Organisationen dabei unterstützt, eine Vision oder ein Leitbild in Kennzahlen zu übersetzen und eine Strategie zu verwirklichen[4]. Die BSC schlägt damit eine Brücke zwischen dem operativen und dem strategischen Management.

Für die große Kreisstadt Kehl arbeiten derzeit rund 800 Beschäftigte, die sich auf 20 Abteilungen in der Kernverwaltung, den Eigenbetrieb Technische Dienste (TDK), sowie die Wohnungsbau GmbH, das Stadtmarketing und die Wirtschaftsförderung GmbH verteilen. Seit dem 01. Januar 2014 hat die Stadtverwaltung Kehl das Neue Kommunale Haushaltsrecht eingeführt. Die strategische Steuerung steckt dagegen noch in den

---

[1] Vgl. Gourmelon/Mroß/Seidel, S. 430.
[2] Vgl. Hopp/Göbel, S. 43.
[3] Vgl. KGSt-Bericht 8/2000, S. 8.
[4] Vgl. Kaplan/Norton, Balanced Scorecard, S. 10.

Kinderschuhen. Für die Produktgruppen sind weder konkrete Ziele formuliert, noch sind ihnen aussagekräftige Messgrößen zugeordnet. Dies drückt sich besonders im Haushaltsplan der Stadt Kehl aus. Die darin enthaltenen Kennzahlen für die Produktgruppe Personalwesen beschränken sich auf die Anzahl der Beschäftigten, Auszubildenden und Bezügeabrechnungsfälle. Mit der BSC soll den Führungskräften ein strategisches Controllinginstrument an die Hand gegeben werden, das ihnen den Einstieg in das Thema Strategie erleichtern soll. Im Mittelpunkt steht dabei ein strukturiertes Vorgehen zur Formulierung von Zielen und der Sicherstellung ihrer Umsetzung. Die durch das Konzept entwickelten Ziele und Messgrößen sollen zukünftig im Haushaltsplan der Stadt Kehl dargestellt werden.

Im Rahmen dieser Bachelorarbeit wird in einem Pilotprojekt eine BSC für das Personalwesen der Stadt Kehl entwickelt. Es soll gezeigt werden, wie auf Grundlage des BSC-Konzepts strategische Ziele eruiert und anschließend durch die Verknüpfung von Beziehungen und Messgrößen konkretisiert werden können. Die Bachelorarbeit konzentriert sich dabei auf die Zielentwicklung und die Auswahl und Erhebung von geeigneten Indikatoren. Die Formulierung von Zielwerten und Maßnahmen werden nur theoretisch behandelt. Auch die Interpretation der erhobenen Messergebnisse stellt kein Ziel der Arbeit dar.

Die wissenschaftliche Arbeit ist in einen theoretischen und einen praktischen Abschnitt untergliedert. Im theoretischen Teil werden die Grundzüge der BSC erklärt und die einzelnen Schritte eines Ent-wicklungsprozesses einer BSC vorgestellt. Auf der Basis dieser Theorie wird im praktischen Abschnitt eine BSC für das Personal-wesen der Stadt Kehl konzipiert. Zunächst wird dargelegt, wie das BSC-Konzept an die öffentliche Verwaltung angepasst werden kann und danach, welche Ziele sich das Personalwesen für die Zukunft setzt. Im weiteren Verlauf werden Ursache-Wirkungs-Ketten zwischen den Zielen gebildet und Messgrößen erhoben. Ab-schließend soll in der Schlussbetrachtung ein Resümee über den bisherigen Entwicklungsprozess gezogen werden.

Die Arbeit fundiert im Wesentlichen auf den Erkenntnissen aktueller Fachliteratur. Ferner wird eine qualitative Forschungsmethode in Form eines Workshops angewandt, um strategische Ziele und deren Beziehungen für das Personalwesen zu definieren. Teilnehmer des Workshops waren die Personalsachbearbeiter der Stadt Kehl.

2 Balanced Scorecard

In diesem Kapitel werden die theoretischen Grundlagen für die Entwicklung einer BSC gelegt. Zu Beginn wird dazu der Begriff BSC definiert und dessen grundsätzliches Konzept vorgestellt. Im weiteren Verlauf wird konkreter auf die praktische Anwendung der BSC eingegangen, indem das konkrete Vorgehen bei der Entwicklung einer BSC erklärt wird. Dieses Kapitel dient als Grundlage für die Konzeption einer BSC in Kapitel 3.

2.1 Was ist die Balanced Scorecard?

Die BSC ist grundsätzlich eine spezielle Form der Konkretisierung, Darstellung und Umsetzung von Strategien.[5] Anfang der neunziger Jahre untersuchten der Harvard-Professor Robert S. Kaplan und David Norton innovative Performance-Measurement-Systeme, aus welchem sich das Balanced Scorecard-Konzept entwickelte.[6] Bereits durch den Namen „Balanced Scorecard" zeigt sich, dass es sich dabei um ein ausgewogenes („Balanced") System handelt, welches einen klaren Bezug zur Erfolgsmessung („Scorecard") aufweist.[7] Ansatz für die Entwicklung der BSC war die starke monetäre Orientierung der damaligen Managementsysteme, die den Erfolg der Unternehmung allein an den finanziellen Kennzahlen festmachten.[8] Der Balanced Scorecard-Ansatz sollte die Defizite dieser einseitigen Betrachtung beheben, indem eine ausgewogene Auswahl an monetären und nicht monetären Messgrößen zur Leistungsbewertung (Performance Measurement)

---

[5] Vgl. Horváth, S. 2.
[6] Vgl. Kaplan/Norton, Balanced Scorecard, Vorwort.
[7] Vgl. Horváth, S. 2.
[8] Vgl. Ebenda.

herangezogen werden sollte.[9] Um eine möglichst ganzheitliche Sicht auf das Unternehmen zu erhalten, sollten innerhalb vier Perspektiven Ziele entwickelt und mithilfe von Indikatoren definiert werden.

Es zeigte sich, dass die BSC mehr als nur ein reines Kennzahlensystem ist. Das eigentliche Potential der BSC besteht in der Verknüpfung zwischen Vision, Strategie, Maßnahmen und deren Kommunikation an die Mitarbeiter.[10] Das ursprüngliche BSC-Konzept setzt voraus, dass bereits eine Vision oder Strategie für eine Geschäftseinheit vorliegt.[11] In der Anwendung zeigte sich aber, dass die Entwicklung einer BSC auch den Strategieformulierungsprozess wesentlich unterstützen kann.[12] Durch Auswahl der Ziele und deren Messgröße veranschaulicht sie die strategische Stoßrichtung und konkretisiert sie.[13]

Trotz dessen, dass die BSC für die Privatwirtschaft konzipiert wurde, ist sie auch für die öffentliche Verwaltung anwendbar: „Die BSC kann auch staatlichen und Non-Profit-Organisationen eine klare Richtung geben, sowie Motivation und Verantwortungsgefühl fördern."[14] Kaplan und Norton vertreten sogar die Auffassung, dass sich durch den Einsatz einer BSC in der öffentlichen Verwaltung größere Optimierungsmöglichkeiten erzielen lassen als in der Privatwirtschaft.[15]

2.2 Aufbau einer Balanced Scorecard

Das BSC-Konzept basiert auf einer Vision, aus der sich eine Strategie entwickelt.[16] Die BSC ist besonders durch ihre verschiedenen Perspektiven bekannt, in denen aus der Vision und der Strategie Ziele abgeleitet werden sollen. Ergebniskennzahlen und Leistungs-

---

[9] Vgl. Ebenda.
[10] Vgl. Fridag/Schmid, Vorwort.
[11] Vgl. Kaplan/Norton, Balanced Scorecard, S. 161.
[12] Vgl. Scherer, S. 15.
[13] Vgl. Horváth, S. 2.
[14] Vgl. Kaplan/Norton, Balanced Scorecard, S. 181.
[15] Kaplan/Norton, Balanced Scorecard, S. 173.
[16] Vgl. Jossé, S. 23.

treiber stellen eine weitere Komponente dar, die im Wesentlichen die BSC charakterisieren. Diese Bestandteile werden im folgenden Abschnitt näher definiert.

2.2.1 Vision und Strategie

Grundlage für die Entwicklung von Zielen, Messgrößen und Maßnahmen bildet die Vision einer Organisation. Visionen sind in der Zukunft liegende Wunschvorstellungen der obersten Führungsebene.[17] Dieses Zukunftsbild gibt eine bestimmte Richtung vor, der die Organisation folgen soll.[18] Daraus lässt sich schließen, dass die Vision hauptsächlich an die eigenen Mitarbeiter vermittelt werden muss. Oftmals werden die Visionen deshalb in Form eines Leitbilds verbalisiert.[19] Die Strategie beschreibt dagegen die Logik, wie die Vision erreicht werden soll.[20] Sie ist ein einheitlicher und umfassender Plan, der den langfristigen Erfolg der Organisation sicherstellt.[21] Für die Umsetzung einer Strategie ist es zwingend notwendig, dass sich die Mitarbeiter auch nach ihr ausrichten.[22] Daran setzt das BSC-Konzept an, indem es die Vision und Strategie verständlich an die Mitarbeiter kommuniziert.[23]

2.2.2 Grundperspektiven

Die Perspektiven der BSC haben die Funktionen, innerhalb des Strategie- und Zielfindungsprozesses einen ganzheitlichen Blick auf die Organisation sicherzustellen.[24] Sie stellen Zielfelder dar, zu denen die Strategie eine Aussage treffen muss.[25] Die konkrete Auseinandersetzung mit den Perspektiven verhindert die einseitige Betrachtung bei der Entwicklung von Zielen, Messgrößen, Zielwerten und Maßnahmen.[26] Kaplan und Norton empfehlen in

---

[17] Vgl. Ehrmann, S. 21.
[18] Vgl. Gottbehüt, S. 101.
[19] Vgl. Jossé, S. 28.
[20] Vgl. Kaplan/Norton, Strategiefokussierte Organisation, S. 67.
[21] Vgl. Horváth, S. 486.
[22] Vgl. Kaplan/Norton, Strategiefokussierte Organisation, S. 4.
[23] Vgl. Kaplan/Norton, Balanced Scorecard, S. 195.
[24] Vgl. Horváth, S. 43.
[25] Vgl. Ebenda.
[26] Vgl. Ebenda, S. 44.

dieser Hinsicht vier Blickwinkel, die alle wesentlichen Aspekte des Geschäfts abdecken:[27]

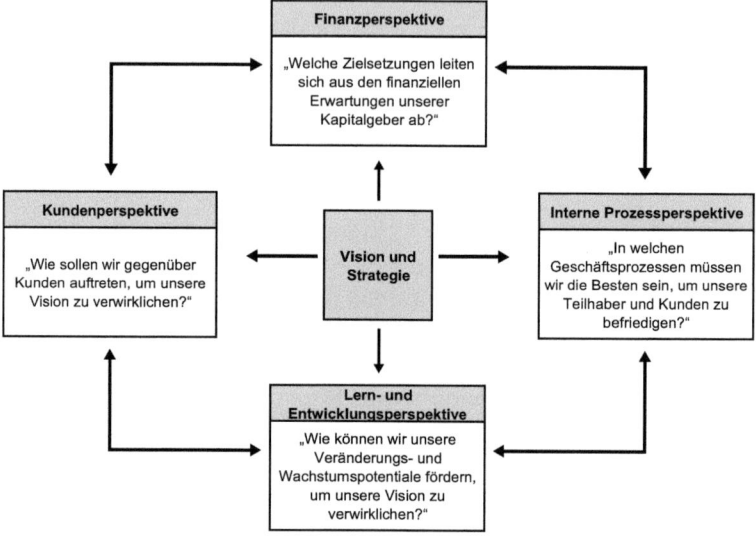

Abbildung 1: Die klassischen Perspektiven der BSC[28]

Gleichzeitig weisen sie aber auch daraufhin, dass diese Perspektiven weder als zwingend, noch als abschließend angesehen werden dürfen. Um Ziellücken zu verhindern, müsse dagegen bei der Perspektivenwahl auf die individuellen Gegebenheiten des Einsatzgebietes Rücksicht genommen werden: „Es gibt keine mathematische Formel, die beweist, dass vier Perspektiven notwendig und ausreichend sind. (...) Je nach Branchenbedingung und Geschäftseinheitsstrategie könnte sogar eine weitere Perspektive notwendig werden."[29] Nachfolgend werden nun die vier klassischen Perspektiven vorgestellt, die sich bei der Forschungsarbeit von Kaplan und Norton als nützlich und stabil erwiesen haben.

---

[27] Vgl.Kaplan/Norton, Balanced Scorecard, S. 24ff.
[28] Eigene Darsetllung, in Anlehnung an Kaplan/Norton, Balanced Scorecard, S. 9.
[29] Vgl. Kaplan/Norton, Balanced Scorecard, S. 33.

Die *Finanzperspektive* zeigt in gewinnorientierten Unternehmen an, ob das grundsätzliche Gesamtziel des Wirtschaftens – Wert zu schöpfen – auch erreicht wird.[30] Folgende Leitfrage soll dabei den Zielfindungsprozess unterstützen:

„Welche Zielsetzungen leiten sich aus den finanziellen Erwartungen unserer Kapitalgeber ab?"[31]

Die finanzwirtschaftliche Perspektive besitzt bei Anwendung in der Privatwirtschaft eine besondere Bedeutung: Einerseits stellt sie die Endziele für alle anderen Perspektiven dar und bildet andererseits ab, ob die bisherige Unternehmensstrategie überhaupt zu einer Verbesserung der Ergebnisse führt.[32] Die Ziele und Messgrößen der *Kundenperspektive* legen dagegen fest, wie die Kunden die Organisation zukünftig wahrnehmen sollen.[33] Sie konkretisiert, welchen Nutzen man dem Kunden anbieten will und welche Zielgruppen schwerpunktmäßig erreicht werden sollen.[34] Die Leitfrage der Kundenperspektive lautet daher:

„Wie sollen wir gegenüber Kunden auftreten, um unsere Vision zu verwirklichen?"[35]

Nach Kaplan und Norton stellt die Kundenperspektive die „Quelle dar, mit denen das Unternehmen die Erlöskomponente seiner finanzwirtschaftlichen Ziele erfüllen soll"[36] und zeigt somit, dass die Kundenperspektive die nächstniedrige Stufe innerhalb der Zielhierarchie der BSC ist. In der *internen Prozessperspektive* werden diejenigen Prozesse identifiziert, in denen die Organisation Verbesserungsschwerpunkte setzten möchte.[37] Dabei sollen diejenigen Prozesse fokussiert werden, die im Hinblick auf die Zielerreichungen der Finanz- und Kundenperspektive am

---

[30] Vgl. Horváth, S. 45.
[31] Vgl. Ebenda.
[32] Vgl. Kaplan/Norton, Balanced Scorecard, S. 46.
[33] Vgl. Horváth, S. 45.
[34] Vgl. Ebenda.
[35] Vgl. Kaplan/Norton, Balanced Scorecard S. 9.
[36] Vgl. Ebenda, S. 62.
[37] Vgl. Kaplan/Norton, Balanced Scorecard, S. 25.

kritischsten sind.[38] Die strategischen Ziele der Prozessperspektive sagen aus, welcher Prozess welche Leistung erbringen muss, um die Kunden- oder Finanzziele zu erreichen.[39] Die unterstützende Leitfrage der Prozessperspektive lautet:

„In welchen Geschäftsprozessen müssen wir die Besten sein, um unsere Teilhaber und Kunden zu befriedigen?"[40]

Dabei kann es auch vorkommen, dass Prozesse identifiziert werden, die erst noch entwickelt werden müssen.[41] Auch dies ist ein grundlegender Unterschied zwischen dem Balanced Scorecard-Ansatz und einem klassischen Performance-Measurement-System.[42] Die **Lern- und Entwicklungsperspektive** ist die vierte Perspektive der klassischen BSC und behandelt die Potentiale einer Organisation. Sie identifiziert diejenigen Voraussetzungen, die für ein langfristiges Wachstum und ständige Verbesserungen benötigt werden.[43] Der Blick richtet sich dabei auf die Mitarbeiter, das Wissen, Innovationen, aber auch auf Technologien oder Informationssysteme.[44] Die Lern- und Entwicklungsperspektive bildet das Fundament für die anderen BSC-Perspektiven, indem sie „die zur Erreichung der hohen Ziele der drei anderen Perspektiven notwendige Infrastruktur"[45] schafft. Die Leitfrage der Lern- und Entwicklungsperspektive lautet:

„Wie können wir unsere Veränderungs- und Wachstumspotentiale fördern, um unsere Vision zu verwirklichen?"[46]

2.2.3 Ergebniskennzahlen und Leistungstreiber

Neben der Entwicklung von Strategien und Zielen steht das Bilden von Messgrößen im Mittelpunkt des Balanced Scorecard-Ansatzes.

---

[38] Vgl. Kaplan/Norton, Balanced Scorecard, S. 89.
[39] Vgl. Horváth, S. 56.
[40] Vgl. Kaplan/Norton, Balanced Scorecard, S. 9.
[41] Vgl. Ebenda, S. 25.
[42] Vgl. Ebenda.
[43] Vgl. Ebenda, S. 27.
[44] Vgl. Horváth, S. 46.
[45] Vgl. Ebenda, S. 121.
[46] Vgl. Kaplan/Norton, Balanced Scorecard, S. 9.

Ohne eine Messung bleiben die Ziele lediglich eine Deklaration.[47] Gleichzeitig dienen die Messgrößen der weiteren Konkretisierung der strategischen Ziele und sollen im Idealfall das Verhalten des Managements in die gewünschte Richtung lenken.[48] Kaplan und Norton unterscheiden dabei in zwei verschiedene Kategorien: den „Ergebniskennzahlen" und den „Leistungstreiber".[49] *Ergebniskennzahlen* sind grundsätzlich Spätindikatoren: „Sie signalisieren die Endziele der Strategie und, ob kurzfristige Anstrengungen die gewünschten Ergebnisse erbracht haben."[50] Sie definieren somit den Endpunkt, der über einen Zeitraum angestrebt wird.[51] *Leistungstreiber* sind nach Kaplan und Norton hingegen Frühindikatoren, die sich an der frühen Phase des Prozesses orientieren.[52] Sie haben die Aufgabe, die Vorgänge zu messen, die die Erreichung der zukünftigen Ziele heute sicherstellen.[53] Sie geben außerdem den Anstoß, um die Vorgaben der Ergebniskennzahlen überhaupt zu erreichen.[54]

2.3 Entwicklungsprozess einer Balanced Scorecard

Die Konzeption einer BSC kann innerhalb eines systematischen Prozesses vollzogen werden, der gleichzeitig Klarheit über die Strategie und die Ziele einer Organisation schafft.[55] Bevor mit der Entwicklung der BSC begonnen werden kann, müssen im Vorfeld die organisatorischen Rahmenbedingungen festgelegt werden. Dabei sind grundsätzliche Regeln zu bestimmen, die für die Einführung aller BSCs innerhalb der Organisation bindend sind.[56] Darunter fallen die Auswahl der Organisationseinheiten, der

---

[47] Vgl. Fridag/Schmid, S.30.
[48] Vgl. Horváth, S. 223.
[49] Vgl. Kaplan/Norton, Balanced Scorecard, S. 144.
[50] Kaplan/Norton, Balanced Scorecard, S. 160.
[51] Vgl. Fridag/Schmid, S. 110.
[52] Vgl. Ebenda, S. 42.
[53] Vgl. Ebenda, S. 43.
[54] Vgl. Kaplan/Norton, Balanced Scorecard, S. 296.
[55] Vgl. Ebenda, S. 284.
[56] Vgl. Horváth, S.83.

passenden Perspektiven und die Planung der Projektorganisation.[57] Ebenso sind die bereits vorliegenden strategischen Grundlagen zu klären. Die BSC baut grundsätzlich auf einer bereits ausgearbeiteten Strategie auf, welche aber in den seltensten Fällen bereits vorliegt.[58] Eine vollständig ausgefeilte Strategie ist für die Entwicklung der BSC aber nicht zwingend notwendig.[59] Vielmehr sollen die strategischen Stoßrichtungen bekannt und klar formuliert sein.[60] Sind diese beiden Voraussetzungen gegeben, kann mit der eigentlichen Entwicklung der BSC begonnen werden. Abbildung 2 zeigt dabei den Entwicklungsprozess einer BSC, dessen einzelne Schritte nachfolgend konkretisiert werden.

Abbildung 2: *Vorgehensweise bei der Entwicklung einer Balanced Scorecard nach Horváth & Partners*[61]

2.3.1 Strategische Ziele ableiten

Der Entwicklungsprozess beginnt damit, dass aus der Vision und Strategie einer Organisation strategische Ziele gebildet werden.[62] Ein Ziel ist ein gewünschter Zustand in der Zukunft, der durch Maß- nahmen und Leistungen entstehen soll.[63] Nach Horváth & Partners sind strategische Ziele unternehmensspezifische und aktions- orientierte Aussagen, von denen der Erfolg der Strategie tatsächlich abhängig ist.[64] Es ist also darauf zu achten, dass nur die strategisch relevantesten Ziele in der BSC aufgenommen werden. Die Aufnahme von zu vielen Zielen kann stattdessen eher zur

---

[57] Vgl. Ebenda.
[58] Vgl. Ebenda, S.122.
[59] Vgl. Ebenda.
[60] Vgl. Ebenda, S. 123.
[61] Eigene Darstellung, vgl. Horváth, S. 167f.
[62] Vgl. Kaplan/Norton, Balanced Scorecard, S. 11.
[63] Hopp/ Göbel, S. 218.
[64] Vgl. Horváth, S. 169.

Verwirrung als zur Klarheit hinsichtlich der Strategie führen.[65] Es wird daher empfohlen, die Anzahl von 25 Zielen nicht zu überschreiten.[66]

2.3.1.1 Ursache- und Wirkungsbeziehungen aufbauen

Kaplan und Norton beschreiben eine Strategie als ein Bündel von Hypothesen über eine Ursache und deren Wirkungen.[67] Es gibt selten Ziele, deren Erreichung sich nicht auch auf andere Ziele auswirken.[68] Das Verständnis über die Zielzusammenhänge macht eine erfolgreiche unternehmerische Führung überhaupt erst möglich.[69] Kaplan und Norton empfehlen deshalb die Darstellung von Ursache-Wirkungs-Ketten: „Das Kennzahlensystem sollte die Beziehungen (Hypothesen) zwischen den Zielen in den verschiedenen Perspektiven explizit machen, so dass sie gesteuert und überprüft werden können."[70] Die Abbildung von Ursache- und Wirkungsketten oder wie Kaplan und Norton sie nennen, eine Strategy-Map[71], ist die veranschaulichte Darstellung einer Strategie und erleichtert das Verständnis über die Zusammenhänge und Bedeutungen einzelner Ziele.[72]

Bei der Bildung von Zusammenhängen geht es dabei weniger um die exakte Korrelation.[73] Sie basieren hauptsächlich auf den Einschätzungen und Erfahrungen der Mitarbeiter und des Managements und sind oftmals weder wissenschaftlich überprüft, noch statistisch belegt.[74] Vielmehr geht es darum, Klarheit über den Sinn und Zweck von Zielen zu erreichen, um dadurch die Strategie so anschaulich und transparent wie möglich abzubilden.[75] Eine unübersichtliche Strategy-Map verfehlt schnell ihre Wirkung.

---

[65] Vgl. Ebenda.
[66] Vgl. Ebenda.
[67] Vgl. Kaplan/Norton, Balanced Scorecard, S.28.
[68] Vgl. Horváth, S. 58.
[69] Vgl. Ebenda.
[70] Vgl. Kaplan/Norton, Balanced Scorecard, S. 144.
[71] Vgl. Kaplan/Norton, Strategiefokussierte Organisation, S. 64.
[72] Vgl. Horváth, S. 60.
[73] Vgl. Ebenda, S. 214.
[74] Vgl. Horváth, S.214.
[75] Vgl. Ebenda, S. 59.

Aus diesem Grund werden nicht alle Auswirkungen der Ziele dargestellt, sondern nur die, die auch strategisch gewünscht sind.[76]

2.3.1.2 Messgrößen auswählen

Im dritten Schritt des Entwicklungsprozesses werden den Zielen spezifische Messgrößen zugeordnet, die die Bedeutung der Strategie am besten zum Ausdruck bringen.[77] Für die Auswahl der Messgrößen werden folgende Kriterien angewandt:[78]

- **Validität:** Wird anhand der Messgröße tatsächlich das Erreichen des Ziels dargestellt? Wie gut kann die Messgröße das Ziel abbilden?

- **Verantwortlichkeit:** Kann die Messgröße das Verhalten der Mitarbeiter in die gewünschte Richtung verändern? Kann die Organisationseinheit die Messgröße und den Zielwert auch beeinflussen?

- **Erhebungsaufwand:** Ist die Erhebung der Messgröße überhaupt möglich? Ist die Erhebung vor allem praktikabel?[79]

- **Interpretation:** Kann die Messgröße eindeutig interpretiert werden? Ist sie so geschaffen, dass sie mit anderen Zeiträumen oder Herkunft verglichen werden kann?[80]

Als weiteres Kriterium gilt der grundsätzliche Vorzug von Outputgegenüber Inputgrößen.[81] Horváth & Partners befürworten die Aufnahme von maximal zwei, in seltenen Fällen drei Messgrößen pro strategischem Ziel, da so eine eindeutige Leistungsbeurteilung sichergestellt ist.[82]

---

[76] Vgl. Ebenda, S. 214.
[77] Vgl. Kaplan/Norton, Balanced Scorecard, S. 295.
[78] Nachfolgendes vgl. Horváth, S. 457.
[79] Vgl. Horváth, S. 228.
[80] KGSt-Bericht 5/2003, S. 4.
[81] Vgl. Jossé, S. 79.
[82] Vgl. Horváth, S. 223.

2.3.1.3 Zielwerte und strategische Aktionen festlegen

Erst durch die Bestimmung von Zielwerten werden strategische Ziele vollständig definiert.[83] Sie sollen dabei anspruchsvoll, ehrgeizig und realistisch sein.[84] Voraussetzung für die Festlegung von Zielwerten ist die Schaffung einer Vergleichsbasis. Dafür eignen sich besonders Vergangenheitswerte oder auch Benchmarks zu anderen Organisationen.[85] Zuweilen wird dabei die Auffassung vertreten, dass für die Ermittlung von Zielwerten unternehmenseigene Daten grundsätzlich besser als externe Vergleichswerte sind, da dadurch die festgelegten Zielvorgaben auch realistischer sind.[86] Um die unternehmenseigenen Werte präziser einordnen zu können, bieten sich jedoch externe Vergleiche an.[87] Stehen keinerlei Angaben oder Anhaltspunkte zur Verfügung, ist auch die Schätzung eines Zielwertes möglich.[88] Liegen aber genügend Informationen vor, sollte auf dieses Vorgehen allerdings verzichtet werden.[89]

Sind für jedes strategische Ziel Zielvorgaben festgelegt, können Aktionen bestimmt werden, die die Strategie letztendlich umsetzen. Als strategische Aktionen werden Maßnahmen, Projekte, Programme und Initiativen bezeichnet, die zur Umsetzung der strategischen Ziele eingeführt, bzw. bereits durchgeführt werden.[90] Die Dokumentation sorgt dafür, dass diese nicht in Vergessenheit geraten.[91]

---

[83] Vgl. Horváth, S.238.
[84] Vgl. Jossé, S.296.
[85] Vgl. Ebenda, S. 238f.
[86] z. B. Lisges/Schübbe, S. 182.
[87] Vgl. Ebenda.
[88] Vgl. Horváth, S. 240.
[89] Vgl. Ebenda.
[90] Vgl. Horváth, S. 72.
[91] Vgl. Ebenda, S. 243.

3 Konzeption für das Personalwesen der Stadt Kehl

Auf Basis des vorgestellten Entwicklungsprozesses wird in diesem Kapitel eine BSC für das Personalwesen der Stadt Kehl entwickelt. Dafür wird zu Beginn das BSC-Konzept für die Verwendung in der öffentlichen Verwaltung angepasst. Darauf folgt die Überprüfung der vorliegenden strategischen Grundlagen, aus denen innerhalb eines Workshops Ziele und deren Wirkungsbeziehungen entwickelt werden. Das Kapitel schließt mit der Bestimmung und Erhebung von Messgrößen ab.

3.1 Schaffung des organisatorischen Rahmens und der strategischen Grundlagen

Bevor der eigentliche Entwicklungsprozess der Scorecard beginnt, werden in diesem Abschnitt die organisatorischen Rahmenbedingungen festgelegt. Zunächst wird die Auswahl der Organisationseinheit erklärt und die Perspektiven der BSC auf die öffentliche Verwaltung bzw. die Stadt Kehl angepasst. Im weiteren Verlauf werden die strategischen Voraussetzungen des Personalwesens vorgestellt.

3.1.1 Auswahl der Organisationseinheit

Horváth & Partners empfehlen, dass die BSC grundsätzlich in einem Top-Down-Verfahren eingeführt werden sollte: „Idealerweise geht der Aufbau der Balanced Scorecard von der Unternehmensspitze aus. Dies hat den Vorteil, dass strategische Entscheidungen an der höchst möglichen Stelle getroffen werden. Dadurch reduzieren sich Abstimmungsaufwendungen mit vor- und nachgelagerten Bereichen sowie mit Bereichen auf derselben Ebene."[92]

---

[92] Vgl. Horváth, S. 97.

Bei der Stadt Kehl soll die Einführung, wider dieser Empfehlung, in einem Bottom-Up-Verfahren stattfinden. Dabei wird die Implementierung einer BSC auf einer unteren Hierarchieebene begonnen und danach von den übergeordneten Ebenen weiter ausgebaut.[93] Mit der Hierarchieebene nimmt auch gleichzeitig das Aggregationsniveau der Ziele zu.[94] Grund hierfür ist der eigentliche Zweck, den die Stadt Kehl mit der BSC verfolgt. Im Vordergrund steht dabei nicht die Umsetzung eines Leitbildes. Vielmehr sollen sich die Führungskräfte der Stadt Kehl durch den Einsatz einer BSC intensiv mit dem Thema Strategie und Ziele beschäftigen. Bei einem Bottom-Up-Verfahren erfolgt die Formulierung der Strategie und Ziele in enger Zusammenarbeit mit den Mitarbeitern. Dies führt zum einen zu einer höheren Motivation bei deren Umsetzung und zum anderen zur Akzeptanz der Ziele.[95] Aktuelle Problemfelder können dadurch von den Mitarbeitern eingebracht und auf deren Kenntnisse zurückgegriffen werden. Ferner wird so die Kommunikation zwischen Führungskräften und ihren Mitarbeitern verstärkt. Der Nachteil dieses Vorgehens, einem höheren Abstimmungsbedarf zwischen den Ebenen, wird dabei bewusst in Kauf genommen.[96] Wählt eine Organisation nicht den Weg der Top-Down-Einführung, befürworten Horváth & Partner die Einführung bei einem Pilotbereich zu beginnen, da unter anderem so schnelle Erfolge aufgezeigt werden können und ein geringeres Projektrisiko besteht.[97]

Für die Auswahl des Pilotbereichs muss zunächst die Ebene bestimmt werden, die eine BSC einführt. Dabei standen zwei Möglichkeiten zur Auswahl: Die Orientierung nach der Organisationsstruktur oder des Haushaltsplanes. Die Entscheidung fiel auf den Haushaltsplan mit den Produktbereichen, Produktgruppen und Produkten als Hierarchieebenen. Die unterste Einführungsebene sollen die Produktgruppen sein. Produktgruppen werden aus thematisch zusammenhängenden Produkten gebildet.

---

[93] Vgl. Jossé, S. 87.
[94] Vgl. Ehrmann, S. 65.
[95] Vgl. Jossé, S. 87, Ehrmann, S. 65.
[96] Vgl. Ehrmann, S. 65f.
[97] Vgl. Horváth, S. 99.

Dadurch sind sowohl der Inhalt als auch die Zuständigkeiten einer BSC klar definiert. Es kann damit zu keinen Überschneidungen zwischen mehreren BSCs kommen, womit das Vorgehen eine ausreichende Trennschärfe zwischen den Einheiten gewährleistet. Gleichzeitig können so die strategischen Ziele und Messgrößen unkompliziert in den Haushaltsplan eingearbeitet werden. Problematisch ist, dass manche Einheiten zu eng für die Bildung von strategischen Zielen gefasst sind. Dem wird damit begegnet, dass mehrere organisatorisch zusammengehörende Produktgruppen für die Entwicklung der BSC zusammengefasst werden. Die Wahl fiel dabei auf die Produktgruppe Personalwesen, die einen hohen Stellenwert in der gesamten Verwaltung besitzt und eine gewisse Vorbildfunktion verkörpert. Für die Produktgruppe Personalwesen soll damit als Pilotprojekt eine BSC eingeführt werden.

3.1.2   Perspektivenwahl

Kaplan und Norton weißen darauf hin, dass die vier Grundperspektiven (Finanz-, Kunden-, Prozess-, sowie die Lern- und Entwicklungsperspektive) keinesfalls als zwingend anzusehen sind. Vielmehr muss individuell auf die jeweiligen Branchenbedingungen und Geschäftseinheitsstrategien eingegangen werden.[98] Besonders die Anwendung in der öffentlichen Verwaltung macht eine solche Anpassung notwendig. Wesentlicher Unterschied stellen dabei die Anspruchsteller (Stakeholder) dar. In der Privatwirtschaft sind dies die Unternehmenseigner, die als maßgebliches Ziel die Wertsteigerung des Eigenkapitals haben.[99] Die Finanzperspektive hat daher für die Privatwirtschaft eine besondere Bedeutung, was auch Kaplan und Norton betonen: „Die finanzwirtschaftlichen Ziele dienen als Fokus für die Ziele und Kennzahlen aller anderen Scorecard-Perspektiven."[100] Die Anspruchsteller in der öffentlichen Verwaltung sind hingegen die Bürger, gegenüber denen die Verwaltung zur Herstellung von Gemeinwohl verpflichtet ist.[101] In

---

[98] Vgl. Kaplan/Norton, Balanced Scorecard, S. 33.
[99] Vgl. Horváth, S. 435.
[100] Vgl. Kaplan/Norton, Balanced Scorecard, S. 46.
[101] Vgl. Scherer, S. 18.

den klassischen Perspektiven kann dieses Gemeinwohl nur unzureichend abgebildet werden. Die Finanzperspektive spielt zweifellos auch in der öffentlichen Verwaltung eine große Rolle. Allerdings lässt sich aus ihr nicht erkennen, wie effektiv die Behörde arbeitet. Aus diesem Grund wird die BSC für die Stadt Kehl um die Auftragsperspektive ergänzt. Eine ähnliche Auffassung vertreten auch Kaplan und Norton für eine Anwendung im Non-Profit-Bereich.[102] Die Ziele dieser Auftragsperspektive übernehmen die Doppelrolle der finanziellen Ziele in der klassischen BSC: Sie sollen die Leistung messen, die von der Strategie erwartet wird und gleichzeitig die Endziele für die Ziele und Kennzahlen der anderen Perspektiven darstellen.[103] Dies führt zu einer Veränderung der Zielhierarchie.

Abbildung 3: *Zielhierarchie in der öffentlichen Verwaltung*[104]

Die Leitfrage dieser Perspektive soll in Anlehnung an die Zielfelder der Kommunalen Gemeinschaftsstelle für Verwaltungsmanagement (KGSt) folgendermaßen lauten:

„Was wollen wir erreichen?"[105]

Eine weitere Anpassung liegt in der Bezeichnung der Lern- und Entwicklungsperspektive. Um die Perspektiven so verständlich wie möglich zu halten, wurde die Perspektive in Mitarbeiterperspektive umbenannt. Gleichzeitig soll damit die hervorgehobene Stellung der Mitarbeiter ausgedrückt werden, die wesentlich die

---

[102] Vgl. Kaplan/Norton, Balanced Scorecard, S. 174.
[103] Vgl. Analog Kaplan/Norton, Balanced Scorecard, S. 46.
[104] Eigene Darstellung.
[105] Vgl. KGSt-Bericht 10/2000, S. 10.

Voraussetzungen für das Erreichen der anderen Perspektive schaffen. Es handelt sich dabei aber nur um eine Veränderung der Bezeichnung. Inhaltlich soll die Perspektive weiterhin die Infrastruktur identifizieren, die für die Zielerreichung aller Perspektiven notwendig ist.

3.1.3   Strategische Grundlagen klären

Innerhalb dieses Entwicklungsschrittes wird die strategische Ausgangslage des Personalwesens überprüft. Als Grundlage für die Entwicklung von Zielen kommt zunächst das Leitbild der Stadt Kehl in Frage.[106] Im Januar 2001 wurde vom Kehler Gemeinderat ein Leitbild beschlossen, das allerdings nur allgemeine und pauschale Formulierungen enthält. Hinzu kommt, dass sich das Leitbild lediglich mit einem Satz auf die innere Verwaltung bezieht:

> *„Wir brauchen eine effektivere Arbeit im Gemeinderat und eine moderne, offene und serviceorientierte Verwaltung."*

Das Leitbild ist daher nur bedingt für die Ableitung von strategischen Zielen für das Personalwesen geeignet. Als strategische Grundlage für die BSC stellte sich stattdessen der Personalbericht für den Doppelhaushalt 2017/2018 heraus. Im Rahmen dieses Personalberichts wurden vier Handlungsschwerpunkte definiert, die das Personalwesen in den kommenden Jahren angehen will:

- Personalmarketing: Stärkung der Arbeitgebermarke

- Stärkung der Führungskultur

- Personalentwicklung

- Demographischer Wandel: Erhaltung und Förderung von Gesundheit

Diese vier Handlungsschwerpunkte verbalisieren, wie das Personalwesen seinen zukünftigen Herausforderungen begegnen will. Es liegt damit bereits eine aktuelle Analyse über die zukünftige strategische Positionierung vor. Im weiteren Verlauf bilden diese

---

[106] Vgl. Gourmelon/Mroß/Seidel, S. 449.

vier Handlungsschwerpunkte die Grundlage für die BSC und das Ableiten der strategischen Ziele für das Personalwesen.

3.2 Strategische Ziele des Personalwesens

Im Mittelpunkt einer BSC stehen die strategischen Ziele, deren Qualität im engen Zusammenhang mit dem Erfolg der BSC stehen.[107] Im folgenden Teil wird die zur Zielbildung angewandte Methode erläutert und deren Ergebnisse für jede Perspektive vorgestellt.

3.2.1 Strategie-Workshop

Um herauszufinden, welche strategischen Ziele sich das Personalwesen der Stadt Kehl setzen möchte, wurde ein Strategie-Workshop durchgeführt. Der wesentliche Grund, der für diese qualitative Forschungsmethode sprach, war die Einbeziehung der Mitarbeiter in den Zielentwicklungsprozess. Eine wesentliche Funktion der BSC ist die Vermittlung der Strategie an die Mitarbeiter.[108] Diese sollen sich mit den langfristigen Zielen der Organisation vertraut machen und deren Absichten „verinnerlichen".[109] Idealerweise geschieht dies durch eine frühestmögliche Einbindung der Mitarbeiter in den Zielfindungsprozess.[110] Ein weiterer Vorteil des Workshops ist die Akzeptanz und die motivierende Wirkung der Ziele, die durch die Einbeziehung der betroffenen Mitarbeiter entsteht.[111] Die Ziele erhalten ferner eine individuelle Note, da dieses Vorgehen die Gedanken und Vorstellungen der Personalsachbearbeiter miteinfließen lässt. Es kann somit außerdem gewährleistet werden, dass auf die aktuellen Problemfelder der Stadt Kehl eingegangen wird. Gleichzeitig spiegelt sich so das zu Beginn vorgestellte Bottom-Up-Prinzip zur Strategie- und Zielbildung hier wieder. Ein Risiko bei der Durchführung des Workshops bestand darin, dass keine schlüssigen Ziele zustande kommen. Das Ergebnis

---

[107] Vgl. Horváth, S. 169.
[108] Vgl. Kaplan/Norton, Balanced Scorecard, S. 13.
[109] Vgl. Ehrmann, S. 22.
[110] Vgl. Ehrmann, S. 22.
[111] Vgl. Jossé, S. 87.

wäre somit nicht verwendbar. Die Planung eines strukturierten und verständlichen Vorgehens war somit essentiell.

Als Teilnehmer des Workshops wurden Herr Sturm, Leiter der Abteilung Personal und Organisation und die Personalsachbearbeiter der Stadt Kehl ausgewählt, da die Umsetzung der Handlungsschwerpunkte hauptsächlich ihren Aufgabenbereich tangiert. Innerhalb des Strategie-Workshops wurde der Blick nacheinander auf die verschiedenen Perspektiven der BSC gewandt. Grundsätzlich wurde dabei darauf geachtet, dass keine Perspektive mit Zielen überfrachtet wird.

3.2.2   Auftragsperspektive

Die Auftragsperspektive war die erste von fünf Perspektiven der BSC, für die strategische Ziele im Rahmen des Strategie-Workshops entwickelt wurden. Anlass hierfür war die übergeordnete Stellung dieser Ziele. Die Auftragsziele stellten die Basis für das weitere Vorgehen dar und dienten als Fundament für die weiteren Ziele. Die Auftragsperspektive beantwortet die Frage, welche Wirkung aus der Arbeit des Personalwesen hervorgeht. Um diese Frage beantworten zu können, wurden zunächst die Produkte des Haushaltsplans betrachtet, die dem Personalwesen zugeordnet sind. Jedes Produkt wurde hinsichtlich seines Zweckes überprüft. Es fiel dabei auf, dass die meisten Ziele auf die Bereitstellung von genügend Personal ausgerichtet sind. Auch die Qualität und Zufriedenheit der Belegschaft wurden als Zweck der Produkte aufgezählt. Aus diesem Ergebnis entwickelten die Teilnehmer Ziele, die als Auftrag des Personalwesens zu verstehen sind.

Als erstes Ziel wurde dabei die *Erfüllung des öffentlichen Auftrags ermöglichen* formuliert. Unter diesem Vorsatz ist hauptsächlich die Sicherstellung des quantitativen und qualitativen Personalbedarfs zu verstehen, um so die gegenwärtige und zukünftige Aufgabenerfüllung der Stadt Kehl zu gewährleisten. Auch die Erfüllung der Arbeitgeberpflichten (bspw. Entgeltabrechnungen, Arbeitsschutzmaßnahmen) gegenüber den Arbeitnehmern ist unter dieses Ziel zu fassen. Als Auftrag wurde auch die *Zufriedenheit und Identifikation der Mitarbeiter mit ihrem Arbeitgeber* aufgenommen. Dieses Ziel wurde damit begründet, dass eine hohe Mitarbeiterzufriedenheit zu einer besseren Motivation und Produktivität des Personals führen kann. Damit soll das vorhandene Potential der Mitarbeiter bestmöglich ausgeschöpft werden.

3.2.3   Kundenperspektive

Nachdem die Auftragsziele definiert wurden, konnte sich der Kundenperspektive gewidmet werden. Hierfür wurde in einem Brainstorming zuerst geklärt, welche Personengruppen überhaupt als Kunde des Personalwesens in Betracht kommen. Nach Aussage der Workshop-Teilnehmer sind die Kunden des Personalwesens:

- der Personalrat

- die Bewerber

- die Produktgruppenleiter (PBL)

- die internen Mitarbeiter

- die Sozialversicherungsträger

- die Agentur für Arbeit

- der Gemeinderat

Im nächsten Schritt wurden die Handlungsschwerpunkte (Personalmarketing, Personalentwicklung, Stärkung der Führungskultur und die Ausgestaltung des demographischen Wandels) behandelt. Diese wurden im Rahmen des Workshops nochmal näher erläutert, sodass eventuell aufkommenden begrifflichen Unklarheiten vorgebeugt werden konnte. Gleichzeitig konnte so die Wichtigkeit dieser Handlungsschwerpunkte hervorgehoben werden. Auf dieser Basis entwickelten die Workshop-Teilnehmer Zielvorschläge und ordneten diese an einer Metaplanstellwand an. Es fiel auf, dass die meisten Vorschläge sich unter den Rubriken Personalmarketing/Personalentwicklung und PBL/interne Mitarbeiter sammelten, die auf die Funktion des

Personalwesens als Servicestelle zurückzuführen sind.[112] Die nächste Aufgabe bestand darin, aus dieser Vielzahl an Zielen die wesentlichsten herauszufiltern. Hierfür markierten die Teilnehmer diejenigen Ziele, welche ihrer Ansicht nach besonders wichtig sind. In diesem Zusammenhang konnten auch Vorschläge zusammengefasst oder umformuliert werden.

Als erstes Kundenziel wurde dabei das *Qualifikationsniveau der Mitarbeiter steigern* festgehalten. Mit diesem Ziel wollen die Workshop-Teilnehmer die Weiterentwicklung der Fach- und Führungskompetenzen erreichen. Grund für die Aufnahme in die BSC ist die Auffassung, dass die Qualifizierung der Stadtmitarbeiter, hauptsächlich durch die Einstellung von ausbildungsfremdem Personal, merklich abnimmt. Diesem Trend soll durch zielgerichtete Personalentwicklungsmaßnahmen entgegengewirkt werden. Ein weiteres Ziel stellt die *Emotionale Verbundenheit mit dem Arbeitgeber* dar. Den Workshop-Teilnehmern fiel auf, dass teilweise der Zusammenhalt zwischen Abteilungen und auch die Identifikation mit dem Arbeitgeber nachlassen. Stattdessen sollen im Idealfall Synergien zwischen den Abteilungen gebildet und der Repräsentationsgedanke aller Mitarbeiter der Stadt Kehl gefördert werden. Das strategische Ziel *Betriebliches Gesundheitsmanagement leben* ist für die Teilnehmer ebenfalls von Bedeutung. Das Personalwesen der Stadt Kehl stellt seit 2016 im Rahmen eines betrieblichen Gesundheitsmanagements (BGM) Angebote zur Gesund-heitsförderung der Belegschaft zur Verfügung. Ziel soll hier sein, dass das BGM eine gewisse Eigendynamik entwickelt und auch außerbetrieblich weitergeführt wird. Durch ein solches BGM soll die psychische und physische Leistungsfähigkeit der Mitarbeiter möglichst lange erhalten bleiben. Im Hinblick auf die Altersstruktur wurde das Ziel *Talente erkennen und fördern* formuliert. Mittelfristig werden viele Führungskräfte die Stadt Kehl altersbedingt verlassen.[113] Es ist daher eine grundlegende Aufgabe des Personalwesens, geeignete Nachfolger für ausscheidende

---

[112] Vgl. Gourmelon/Mroß/Seidel, S. 190.
[113] Siehe dazu 3.4.1.3 Altersstruktur.

Führungskräfte bereits im Vorfeld zu identifizieren und aufzubauen. Langwierige Vakanzen sollen so vermieden und der entstehende Personalbedarf idealerweise mit internen statt externen Mitarbeitern besetzt werden. Auch die Zuordnung des Personals an die für sie geeignetste Stelle innerhalb der Stadt Kehl ist unter diesem Ziel zu verstehen. Ebenfalls wurden *Karrierepfade schaffen* als Ziel vorgeschlagen, das eine strukturierte Laufbahnplanung für die Mitarbeiter vorsieht. Der Vorschlag arbeitet somit ebenfalls auf den systematischen Aufbau von Führungskräften hin und wird deshalb unter das Ziel *Talente erkennen und fördern* gefasst. Als wichtig stellte sich für die Workshop-Teilnehmer auch der Vorschlag *Produktivität und Effizienz steigern* heraus. Dieser Aspekt schwingt allerdings ebenso bei allen anderen strategischen Zielen dieser Perspektive mit. Die Erhöhung des Qualifikationsniveaus, Verhinderung von Ausfallzeiten durch BGM oder Förderung von Talenten haben alle die Erhöhung von Produktivität und Effizienz zur Folge. Auf die Aufnahme des Vorschlags in die BSC wurde deshalb verzichtet.

3.2.4 Interne Prozessperspektive

Im Anschluss daran richtete sich der Blick auf die Prozesse des Personalwesens. Um einen Überblick über alle wesentlichen Prozesse zu erhalten, wurden diese auf einer Flipchart gesammelt. Nächster Schritt war die Hervorhebung der strategisch bedeutenden Vorgänge. Als strategisch wichtig werden diese Prozesse angesehen:

- das Einstellungsverfahren
- die Ausbildung
- das Betriebliche Eingliederungsverfahren
- das Freisetzungsverfahren
- der Qualifizierungsprozess
- die Personalbedarfsbemessung

Im nächsten Schritt definierten die Mitarbeiter, wie diese Prozesse erfüllt werden sollten. Die Vorschläge wurden an der Stellwand gesammelt und geclustert. Dabei kristallisierten sich drei Prozesse

23

heraus (Einstellungsverfahren, Ausbildung und Qualifizierungsprozess), für die besonders viele Vorschläge eingingen. Entsprechend diesem Ergebnis wurde die Zielentwicklung für diese Prozesse fokussiert. Zusammen mit den Teilnehmern wurde versucht, ein Ziel zu formulieren, das möglichst viele Vorschläge für den Prozess abdeckt.

Als Resultat dieser Zusammenfassung wurde das Ziel **Kompaktes Einstellungsverfahren** gebildet. Besonders die Dauer der Personalgewinnung steht hier im Mittelpunkt. Außerdem soll das Einstellungsverfahren der Stadt Kehl transparent und strukturiert vonstattengehen. Langwierige Personalgewinnungsprozesse bewirken eine negative Außendarstellung und drücken sich im schlimmsten Fall mit dem Absprung des Wunschkandidaten aus. Ein weiteres Ziel in der Prozessperspektive ist die **bedarfsgerechte Ausbildung.** Die Stadt Kehl bietet grundsätzlich eine Vielzahl an Ausbildungsplätzen an. Diese reichen vom Verwaltungsfachangestellten, bis hin zur Fachkraft für Abwassertechnik. Zukünftig sollen Ausbildungsplätze nur angeboten werden, soweit auch tatsächlicher Stellenbedarf in diesem Bereich besteht. Im Zuge dessen soll sich auch das benötigte Anforderungsprofil in der Bewerberauswahl widerspiegeln. Im Bereich Personalentwicklung stellen Qualifizierungsmaßnahmen ein Hauptansatzpunkt dar. Als Ziel wird die **Qualifizierung in Hinblick auf zukünftige Entwicklungen, Aufgaben, Positionen** in die BSC aufgenommen. Dabei soll beachtet werden, dass die richtige Qualifizierungsmaßnahme bei der richtigen Person, mit dem richtigen Ziel durchgeführt wird. Dieses strategische Ziel steht im engen Zusammenhang mit dem Kundenziel *Talente erkennen und fördern.* Gerade im Hinblick auf die knappen Ressourcen und die Altersstruktur erhält dieses Ziel seine Berechtigung.

3.2.5 Mitarbeiterperspektive

Als vierte Perspektive wurde die Mitarbeiterperspektive behandelt. Die Eigenschaften und Kompetenzen, die die Personalmitarbeiter zum Erreichen der vorherigen Ziele benötigen, standen hier im Mittelpunkt. Die Teilnehmer sollten dabei Fähigkeiten benennen, die ein neuer Kollege unbedingt mitbringen sollte. Für die Priorisierung ordneten die Teilnehmer die Vorschläge in einem Koordinatensystem an. Als Ergebnis konnte festgehalten werden, dass bezüglich der Mitarbeiterfähigkeiten wenig Handlungsbedarf besteht. Um dennoch Ziele für diese Perspektive entwickeln zu können, wurden die Vorschläge gekennzeichnet, die auf jeden Fall für die Personalarbeit benötigt werden. Es zeichneten sich daraufhin folgende Fähigkeiten und Eigenschaften ab:

- Mindestens abgeschlossene Ausbildung zum Verwaltungs-fachwirt

- Belastbarkeit

- Strukturiertes Denken

- Empathiefähigkeit

- „Wir-Gefühl" innerhalb des Teams

- Gute Menschenkenntnis

- Überzeugungskraft

Diese Fülle an Vorschlägen wurde in zwei wesentliche Bereiche gegliedert: Fachwissen und soziale Kompetenzen. Im nächsten Schritt wurden in diesen Bereichen Ziele formuliert.

Das *Fachwissen sichern* stellt dabei das erste Ziel dar. Um effizient zu arbeiten und die Ziele der anderen Perspektiven effektiv erreichen zu können, müssen die Personalmitarbeiter ständig über aktuelles Wissen im Bereich Personalmanagement verfügen. Ein weiteres Ziel ist die *sozialen Kompetenzen nachhaltig zu entwickeln.* Um alle Personalprozesse kundengerecht und effizient abwickeln zu können, sind für die Workshop-Teilnehmer soziale Kompetenzen unerlässlich. Aus diesem Grund wurde der Erhalt und Ausbau der sozialen Kompetenzen als Ziel mit in die BSC aufgenommen.

3.2.6 Finanzperspektive

Abschließend richtete sich der Blick auf die monetäre Seite des Personalwesens. Die Teilnehmer sollten finanzielle Rahmen-bedingungen benennen, die sie bei ihrer Aufgabenerfüllung ein-

25

schränken. Als Ergebnis wurden dabei zwei wesentliche Ziele formuliert, deren Einhaltung die Personalarbeit im Wesentlichen prägen.

Zum einen ist dies die **Einhaltung des Budgets,** zum anderen die **Einhaltung des Stellenplans.** Beide Ziele begrenzen maßgeblich die Möglichkeiten im Bereich Personalauswahl, -entwicklung und -marketing. Aus diesem Grund werden diese Ziele in die Finanzperspektive der BSC aufgenommen.

3.3 Ursache- und Wirkungsbeziehungen

Nach der Entwicklung der strategischen Ziele steht das Bilden von Kausalitätsbeziehungen an. Die formulierten Ziele werden dabei auf ihre Wechselwirkung mit anderen Zielen überprüft. Aufgrund der Fachexpertise der Personalsachbearbeiter, wurden diese Verknüpfungen ebenfalls im Rahmen des Strategie-Workshops gebildet. Das entwickelte Ergebnis wurde später in einer Strategy-Map[114] festgehalten. Die Workshop-Teilnehmer wurden gebeten, die einzelnen Ziele – beginnend bei der Kundenperspektive – zu betrachten und die Auswirkung auf andere Ziele zu benennen. Dabei wurde sich auf diejenigen Kausalitätsbeziehungen konzentriert, deren Nebenwirkung strategisch beabsichtigt ist. Im nachfolgenden Abschnitt werden die Ergebnisse dieser Untersuchung vorgestellt.

3.3.1 Qualifikationsniveau der Mitarbeiter steigern

Durch die Verbesserung des Qualifikationsniveaus vermuten die Workshop-Teilnehmer positive Auswirkungen auf das strategische Ziel **Erfüllung des öffentlichen Auftrags ermöglichen.** Dies kann nur gelingen, wenn der Verwaltung das Personal zur Verfügung steht, das den Anforderungen der Stellen entspricht. Durch eine Anhebung des Qualifikationsniveaus kann damit die gegenwärtige und zukünftige Aufgabenerfüllung gesichert werden. Daneben hat die Zielerreichung einen positiven Effekt auf die **Einhaltung des**

---

[114] Vgl. Kaplan/Norton, Strategiefokussierte Organisation, S. 63.

Stellenplans. Der Stellenplan ist nur einzuhalten, wenn das Personal auch die notwendigen Fähigkeiten und Kompetenzen für die Stelle mitbringt. Durch hochqualifiziertes Personal können Prozesse effizienter durchgeführt werden und damit Stellen sogar gegebenenfalls reduziert werden.

3.3.2 Betriebliches Gesundheitsmanagement leben

Die Erreichung dieses Zieles ist vorteilhaft für die *Zufriedenheit und Identifikation mit dem Arbeitgeber.* Eine betriebliche Gesundheitsförderung umfasst alle Maßnahmen, die ein Arbeitgeber zusammen mit den Arbeitnehmern zur Verbesserung von Gesundheit und Wohlbefinden am Arbeitsplatz durchführt.[115] Die betriebliche Gesundheitsförderung kann die Leistungsfähigkeit der Mitarbeiter steigern und ein positives Betriebsklima fördern.[116] Ebenso können BGM-Maßnahmen zu einer langfristigen Erhöhung des allgemeinen Gesundheitsstatus der Mitarbeiter führen.[117] Die damit einhergehende Reduzierung der Ausfallzeiten hat einen positiven Effekt auf die Produktivität der Abteilungen und ermöglicht eine effizientere *Erfüllung des öffentlichen Auftrags.*

3.3.3 Emotionale Verbundenheit mit dem Arbeitgeber steigern

Eine Steigerung der emotionalen Verbundenheit mit der Stadt Kehl führt nach der Meinung der Workshop-Teilnehmer zu einer *Steigerung der Zufriedenheit und Identifikation mit dem Arbeitgeber.* Der Förderung des Commitments mit der Stadt Kehl und des Zusammenhalts zwischen den Abteilungen soll zu einer Verbesserung des Betriebsklimas und der Arbeitsfreude führen. Ergebnis ist eine motivierte und zufriedene Belegschaft.

---

[115] Vgl. Meifert/Kesting, S. 8.
[116] Vgl. Meifert/Kesting, S. 9.
[117] Vgl. Ebenda.

3.3.4 Talente erkennen und fördern

Diese Zielerreichung hat auf gleich mehrere Ziele positive Auswirkungen. Zum einen führt sie dazu, dass die **Erfüllung des öffentlichen Auftrags ermöglicht** wird. Die Talente eines Mitarbeiters werden identifiziert, sodass er derjenigen Stelle zugeordnet werden kann, die seinen Eigenschaften am besten entspricht. Daraus resultiert eine höhere Produktivität und eine verbesserte Erfüllung des öffentlichen Auftrags. Talente werden frühzeitig als Nachfolger aufgebaut und so Vakanzen vermieden. Amtsübernahmen können dadurch schneller und effizienter vonstattengehen. Auch die **Zufriedenheit und Identifikation mit dem Arbeitgeber** profitiert von dieser Zielerreichung. Dem liegt die Vermutung zugrunde, dass ein besseres „Matching" zwischen Mitarbeiter und Stelle zu einer höheren Zufriedenheit mit seinem Arbeitsplatz und Arbeitgeber führt. Ebenso soll das Ausschöpfen seines Potentials zu einer hohen Motivation und einer verbesserten Identifikation mit der Stadt Kehl führen. Auch auf **Qualifizierung in Hinblick auf zukünftige Entwicklungen, Aufgaben und Positionen** hat das Ziel einen positiven Einfluss. Durch die Identifikation von Talenten können Karrierepfade frühzeitig antizipiert werden. Infolgedessen können den Mitarbeitern individuell zugeschnittene Qualifizierungsmaßnahmen angeboten werden.

3.3.5 Kompaktes Einstellungsverfahren

Ein kompaktes Einstellungsverfahren hat Auswirkungen auf die **emotionale Verbundenheit mit dem Arbeitgeber.** Das Einstellungsverfahren ist der erste Eindruck, den ein künftiger Mitarbeiter von der Stadt Kehl erhält. Durch zügige Rückmeldungen soll dieser erste Eindruck möglichst positiv sein und später zu einer höheren emotionalen Verbundenheit führen. Gleichzeit führt es dazu, dass das **Budget des Haushaltsplans eingehalten** werden kann. Schnelle, erfolgreiche Personalgewinnungsprozesse sparen sowohl finanzielle als auch personelle Ressourcen ein. Dies ermöglicht einen größeren Spielraum innerhalb des Haushaltsbudgets.

3.3.6 Bedarfsgerechte Ausbildung anbieten

Durch ein Ausbildungsangebot, das sich am tatsächlichen Stellenbedarf orientiert, sollen Übernahmen garantiert werden. Dies führt zu einem höheren Commitment und zu einer *Steigerung der emotionalen Verbundenheit mit dem Arbeitgeber*. Gleichzeitig führt ein zu großes Ausbildungsangebot zu Mehraufwendungen, die dem Grunde nach entbehrlich sind. Das Anbieten einer bedarfsgerechten Ausbildung schont die Ressourcen und unterstützt dadurch die *Einhaltung des Haushaltsbudgets*.

3.3.7 Qualifizierung im Hinblick auf zukünftige Entwicklungen, Aufgaben und Positionen

Von dieser Zielerreichung soll das strategische Ziel *Steigerung des Qualifikationsniveaus der Mitarbeiter* profitieren. Dahinter steckt die Vermutung, dass Qualifizierungsmaßnahmen, die sich nach dem aktuellen und zukünftigen Bedarf orientieren, effektivere Ergebnisse hervorbringen als allgemeine Fortbildungen. Die Workshop-Teilnehmer erhoffen sich dadurch, dass dieses Ziel sie bei der Erhöhung des Qualifikationsniveaus unterstützt. Gleichzeitig soll damit die *emotionale Verbundenheit mit dem Arbeitgeber* gesteigert werden, indem durch individuelle Qualifizierungsmaßnahmen die Wertschätzung gegenüber dem Mitarbeiter verdeutlicht wird. Gegenüber der *Einhaltung des Haushaltsbudgets* hat die Zielerreichung sowohl einen positiven, als auch negativen Effekt. Einerseits belasten Weiterbildungsmaßnahmen das Budget, andererseits können durch effektivere Ergebnisse auch Maßnahmen eingespart werden.

3.3.8 Fachwissen sichern und soziale Kompetenzen nachhaltig entwickeln

Sowohl das Fachwissen als auch die sozialen Kompetenzen sind elementar für die tägliche Arbeit des Personalwesens. Dieses Fachwissen zu sichern und Kompetenzen weiter auszubauen steht in einem starken Zusammenhang mit der Erreichung aller anderen strategischen Ziele. Aus diesem Grund beschlossen die Workshop-

Teilnehmer, dass keine ausdrücklichen Wechselwirkungen zu anderen Zielen aufgenommen werden.

3.3.9   3.3.9 Einhaltung des Haushalts- und Stellenplans

Ähnlich verhält sich dies bei den Zielen der Finanzperspektive. Die Einhaltung des Haushaltsansatzes und des Stellenplans haben keine positiven Auswirkungen auf andere Ziele. Stattdessen wurde innerhalb des Strategie-Workshops festgehalten, dass diese beiden Vorgaben die Zielerreichung aller strategischen Ziele einschränken, und dadurch nur negative Auswirkungen haben. Auf die Aufnahme in die Strategy Map wird aus Gründen der Üersichtlichkeit verzichtet.

Strategy Map

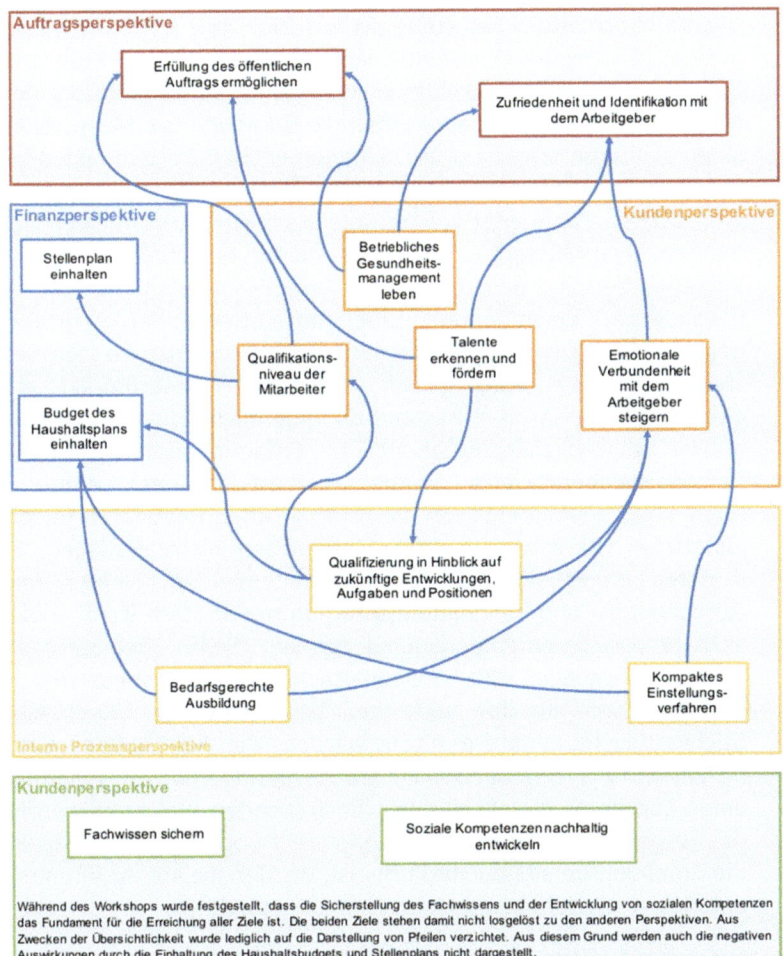

Abbildung 4: Darstellung der erarbeiteten Strategy-Map

3.4 Messgrößen der Balanced Scorecard

Die Konkretisierung der strategischen Ziele mit Hilfe von Messgrößen ist ein weiterer wesentlicher Bestandteil des BSC-Konzepts. Die Ziele werden dadurch unmissverständlich ausgedrückt und transparenter.[118] Gleichzeitig erfüllt die Erhebung von Messgrößen einen weiteren Zweck: Das Management erhält den aktuellen Standpunkt bei der Erfüllung der Ziele.[119] Um die Entstehung eines zukünftigen „Zahlenfriedhofs" für die Stadt Kehl zu vermeiden, soll die Anzahl an Messgrößen möglichst niedrig gehalten werden. Die Implementierung der BSC wird weiter vereinfacht, indem besonders auf einen geringen Erhebungsaufwand der Messgrößen geachtet wird. Die Verwendung der bereits erhobenen Messgrößen steht somit im Vordergrund. Neben der Bestimmung von geeigneten Messgrößen bestand die eigentliche Herausforderung in der tatsächlichen Erhebung. In Zusammenarbeit mit den Personalsachbearbeitern wurde festgestellt, dass aufgrund mangelnder Dokumentation die erforderlichen Basisdaten für die klassische Berechnung vieler Messgrößen nicht vorliegen. Es mussten daher Alternativen entwickelt werden. Neben dem Abrechnungs- und Buchhaltungsprogramm der Stadt Kehl, erwies sich das Dokumentenmanagementsystem (DMS) „RegiSafe" als Informationsquelle. Die Personalsachbearbeiter speichern in diesem Programm ihre verfassten Dokumente ab. Durch eine Stichwortsuche konnte ermittelt werden, wie viele Dateien eines Dokumenttyps (bspw. Qualifizierungsvereinbarungen) innerhalb eines Zeitraums erstellt wurden. Im folgenden Abschnitt werden die ausgewählten Messgrößen vorgestellt und begründet. Soweit die Erhebung bereits durchführbar ist, werden die Messgrößen mit den Daten aus dem vergangenen Jahr dargestellt.

3.4.1 Auftragsperspektive

Die Auftragsperspektive ist die Spitze der Zielhierarchie, da hier die Auswirkungen aller anderen Perspektiven deutlich werden. Die

---

[118] Vgl. Horváth, S. 223.
[119] Vgl. Schübbe, S. 21.

Messgrößen dieser Perspektive stellen dadurch den wesentlichen Erfolg des Personalwesens dar. Umso schwieriger gestaltete sich hier die Auswahl der Ergebniskennzahlen, die einerseits mit überschaubarem Erhebungsaufwand ermittelbar sein sollten und andererseits in Beziehung zu dem Ziel stehen. Schließlich werden für die strategischen Ziele *Erfüllung des öffentlichen Auftrags ermöglichen* und *Zufriedenheit und Identifikation mit dem Arbeitgeber* nachstehende Ergebniskennzahlen und Leistungstreiber festgelegt:

Tabelle 1: Strategische Ziele und Kennzahlen der Auftragsperspektive

Strategische Ziele	Ergebniskennzahl	Leistungstreiber
Erfüllung des öffentlichen Auftrags ermöglichen	Grad der Personaldeckung	Altersstruktur
	Durchschnittliche Vakanzzeit	
Zufriedenheit und Identifikation mit dem Arbeitgeber	Eigenkündigungsquote	

3.4.1.1 Grad der Personaldeckung

Unter dem Ziel *Erfüllung des öffentlichen Auftrags ermöglichen* ist maßgeblich das Bereitstellen von genügend Personal zu verstehen. Personalengpässe führen zu höheren Arbeitsbelastungen, wodurch die Gesundheit und Leistungsbereitschaft der Mitarbeiter beeinträchtigt wird.[120] Eine Ergebniskennzahl, die das Bereitstellen von genügend Personal misst, ist der Personaldeckungsgrad. Der Personaldeckungsgrad gibt an, wie hoch der Anteil an erfolgten Einstellungen im Vergleich zu den benötigten Mitarbeitern ist.[121] Hierfür wird die Summe aller ausgeschriebenen Stellen mit den effektiv erfolgten Einstellungen innerhalb eines Zeitraums ins

---

[120] Vgl. Gourmelon/Mroß/Seidel, S. 84ff.
[121] Vgl. Hafner/Polanski, S. 131.

Verhältnis gesetzt.[122] Idealerweise wird ein Personaldeckungsgrad von 100% erreicht, sodass alle offenen Stellen besetzt wurden.[123]

Für die Erhebung dieser Messgröße spricht, dass sie mit einem geringen Erhebungsaufwand gebildet werden kann. Im Stellenportal Interamt können alle abgeschlossenen Stellenausschreibungen nachverfolgt werden. Durch die Personalsachbearbeiter wird danach überprüft, welche dieser Ausschreibungen erfolgreich waren. An dieser Ergebniskennzahl ist jedoch zu bemängeln, dass die Ursache für einen niedrigen Personaldeckungsgrad nicht unbedingt im Beschaffungswesen liegt, sondern auch auf eine Engpasssituation auf dem Arbeitsmarkt zurückzuführen ist.[124] Außerdem motiviert dieser Indikator dazu, einen Personalgewinnungsprozess erfolgreich abzuschließen. Dies kann zu einer suboptimalen Personalauswahl führen und sollte durch eine weitere Messgröße (bspw. der Früh-fluktuationsquote, Mitarbeiterbeurteilung) ausbalanciert werden.

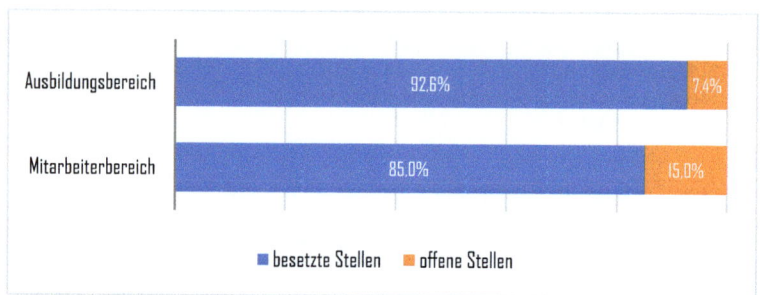

Abbildung 5: *Grad der Personaldeckung im Jahr 2016*

3.4.1.2   Durchschnittliche Vakanzzeit

Diese Ergebniskennzahl stellt weitere steuerungsrelevante Infor-mationen über die Effektivität des Personalwesens zur Verfügung, indem sie angibt, wie lange eine Planstelle durchschnittlich nicht besetzt ist.[125] Dafür wird die zeitliche Differenz zwischen dem Frei-

---

[122] Vgl. Schulte, S. 65.
[123] Vgl. Hafner/Polanski, S. 131.
[124] Vgl. Ebenda.
[125] Vgl. Schübbe, S. 119.

34

werden und der Wiederbesetzung einer Stelle gebildet. Um diese Ergebniskennzahl erheben zu können, müssten der vorherige Stelleninhaber und der zugehörige Nachfolger erfasst sein. Diese Dokumentation wird momentan nicht durchgeführt und hätte aktuell eine aufwendige Analyse aller Aus- und Eintritte zur Folge.

Um dennoch einen Richtwert zu ermitteln, der die durchschnittliche Vakanzzeit annähernd bestimmt, wurden die Stellenausschreibungen des letzten Jahres näher untersucht. Stellenausschreibungen enthalten i. d. R. einen Termin, an dem der neue Mitarbeiter eingestellt werden soll. Es ist davon auszugehen, dass die Stelle mindestens ab diesem Zeitpunkt nicht besetzt ist. Es gibt allerdings auch Stellenausschreibungen ohne eine konkrete Datumsangabe. Solche Stellen werden zum nächstmöglichen Zeitpunkt besetzt. Dabei wird indiziert, dass diese bereits bei der Veröffentlichung der Ausschreibung vakant sind.

Je nach Stellenausschreibung, wurden deshalb entweder der darin genannte Einstellungstermin oder das Veröffentlichungsdatum mit dem tatsächlichen Eintrittsdatum des Mitarbeiters verglichen. Aufgrund dieser Berechnung konnte ermittelt werden, dass im Jahr 2016 eine ausgeschriebene Stelle der Stadt Kehl **durchschnittlich 99,5 Tage** nicht besetzt war. Als einzelner Wert hat diese Messgröße nur eine geringe Bedeutung und erhält erst durch den Vergleich mit zukünftigen Perioden eine Aussagekraft. Ein Vorteil dieser Ergebniskennzahl ist, dass die Prozessbeteiligten dazu motiviert werden, die Stelle zügig zu besetzen. Durch das alternative Vorgehen wird allerdings die Validität der Messgröße negativ beeinträchtigt. Der Zeitpunkt der Stellenausschreibung und des darin enthaltenen Einstellungstermins stimmt nicht exakt mit dem Freiwerden der Stelle überein, sodass die tatsächliche Vakanzzeit nicht vollumfänglich abgebildet wird. Es wird daher empfohlen, den Austritt des bisherigen Stelleninhabers und den Eintritt des Nachfolgers zu erfassen, um so die Voraussetzungen für eine exakte Berechnung der Vakanzzeit zu schaffen.

3.4.1.3   Altersstruktur

Ein Frühindikator für das Ziel *Erfüllung des öffentlichen Auftrags ermöglichen* muss vorhersagen können, welcher Personalbedarf kurz- und mittelfristig entstehen wird. Eine Messgröße die dies leisten kann, ist die Altersstruktur. Die Altersstruktur zeigt, wie viele Mitarbeiter in den nächsten Jahren die Stadt Kehl altersbedingt verlassen werden. Da die Messgröße bereits von der Verwaltung erhoben wird, entsteht durch die Aufnahme in die BSC kein zusätzlicher Erhebungsaufwand. Die Altersstruktur sollte grundsätzlich ein möglichst ausgewogenes Verhältnis zwischen älteren und jüngeren Mitarbeitern widerspiegeln.[126] Dies ist bei der Stadt Kehl nur bedingt der Fall. Die nachstehende Grafik verdeutlicht, dass über die Hälfte der Mitarbeiter bereits älter als 50 Jahre ist. Noch deutlicher tritt dieses Missverhältnis bei der Betrachtung der beschäftigten Beamten zu Tage. Bis zum Jahr 2028 werden 15 der insgesamt 31 Beamten die Stadt Kehl altersbedingt verlassen. Da sich darunter hauptsächlich nur Führungskräfte befinden, erhält die zukünftig angestrebte Intensivierung des Personalmarketings und der Personalentwicklung seine Berechtigung.[127]

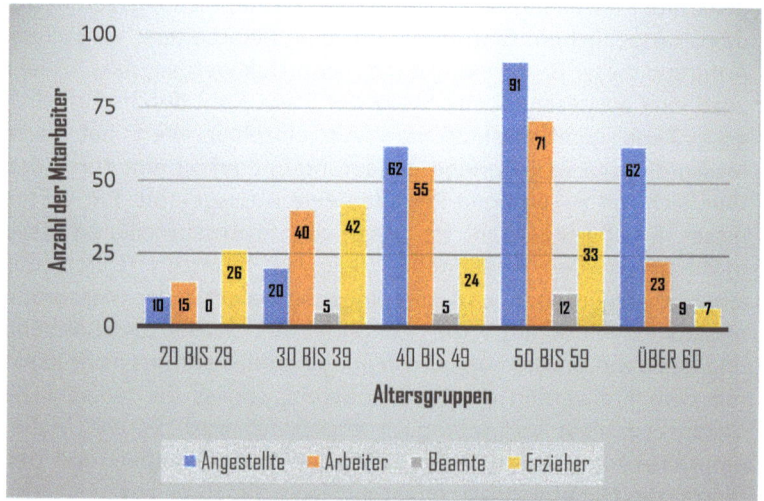

Abbildung 6: *Altersstruktur der Stadt Kehl*

[126] Vgl. Hafner/Polanski, S. 185.
[127] Siehe Handlungsschwerpunkte, S. 21.

3.4.1.4 Eigenkündigungsquote

Die Zufriedenheit und Identifikation der Mitarbeiter kann konkret nur durch eine Mitarbeiterbefragung ermittelt werden, die mit einem großen Erhebungsaufwand und einer zeitaufwendigen Analyse einhergeht. Als Alternative wird von verschiedenen Fachbüchern die Fluktuationsrate, insbesondere die Eigenkündigungsquote, als Indikator für die Mitarbeiterzufriedenheit genannt.[128] Innerhalb eines Zeitraums wird die Anzahl der ausgetretenen Mitarbeiter (bereinigt von Altersaustritten, Zeitverträgen oder Austritten aus gesundheitlichen Gründen) ins Verhältnis mit dem durchschnittlichen Personalbestand gesetzt.[129]

Die Summe der Mitarbeiter, die auf ihre Initiative hin die Stadt Kehl verlassen haben, bildet sich aus der Anzahl der erfassten Kündigungsbestätigungen aus dem DMS-Programm Regisafe, sowie der Anzahl an Auflösungsverträgen, die nicht alters- oder krankheitsbedingt abgeschlossen wurden. Die durchschnittliche Mitarbeiterzahl ist der Mittelwert aus Beginn und Ende einer Periode. Im Jahr 2016 berechnet sich für die Stadt Kehl eine Eigenkündigungsquote von **1,26%**.

Der Nachteil der Eigenkündigungsquote ist, dass sie eine retrospektive Messgröße darstellt. Bei Unzufriedenheit ist der Austritt des Mitarbeiters nur der letzte Schritt innerhalb eines Prozesses. Die Unzufriedenheit ist aber tatsächlich zu einem früheren Zeitpunkt entstanden. Gleichzeitig können auch andere Gründe als Unzufriedenheit entscheidend für einen Austritt sein. Um diese Messgröße zu präzisieren, könnten durch Abgangsinterviews die konkreten Ursachen des Austritts und gegebenenfalls der Unzufriedenheit eruiert werden. Ferner wird diese Messgröße hauptsächlich in der Privatwirtschaft verwendet. Es ist daher fraglich, ob aufgrund der mangelnden Konkurrenzsituation, im öffentlichen Dienst die Messgröße dieselbe Aussagekraft besitzt, wie in der Privatwirtschaft.

---

[128] Bspw. Hafner/Polanski, S. 84, Schulte, S. 78, etc.
[129] Vgl. Hafner/Polanski, S. 84.

3.4.2 Kundenperspektive

Die Kundenperspektive definiert die zukünftige Ausrichtung des Personalwesens gegenüber ihren Kunden (den Mitarbeitern und Produktgruppenleitern der Stadt Kehl). Die strategischen Ziele tragen dabei maßgeblich zur Erreichung der Auftragsperspektive bei. Bei der Entwicklung von Messgrößen bestand die Herausforderung darin, die „weichen" Faktoren *emotionale Verbundenheit mit dem Arbeitgeber* und *Betriebliches Gesundheitsmanagement leben* objektiv zu messen. Die Voraussetzungen für eine Erhebung von Messgrößen liegen nicht bei jedem Ziel vor, sodass teilweise auf die Aufnahme eines Indikators verzichtet wurde. Die folgende Übersicht stellt die Auswahl der Messgrößen für die Kundenperspektive dar.

Tabelle 2: *Strategische Ziele und Kennzahlen der Kundenperspektive*

Strategische Ziele	Ergebniskennzahl	Leistungstreiber
Qualifikationsniveau der Mitarbeiter steigern	Qualifikations-struktur	Weiterbildungsaufwendungen je Mitarbeiter
Emotionale Verbundenheit mit dem Arbeitgeber steigern		
Betriebliches Gesundheitsmanagement leben	Durchschnittliche Krankentage je Mitarbeiter	Teilnehmerzahl von Gesundheitsprogrammen
Talente erkennen und fördern	Anteil interner Stellen-besetzungen	Anzahl der Qualifizierungs-vereinbarungen

3.4.2.1 Qualifikationsstruktur

Das strategische Ziel *Qualifikationsniveau der Mitarbeiter steigern* fußt auf der Annahme, dass bei der Stadt Kehl teilweise ein Missverhältnis zwischen den Stellenanforderungen und den Eigenschaften des Stelleninhabers besteht. Um diese Hypothese bestätigen zu können, muss die Stadt Kehl die Voraussetzungen für die Erhebung einer Qualifikationsstruktur schaffen. Eine Qualifikationsstruktur gibt die Anzahl von Mitarbeitern einer bestimmten Qualifikationsstufe wieder.[130] Um einen Idealzustand dieser Qualifikationsstruktur zu ermitteln, sind zunächst alle Stellen hinsichtlich der benötigten Qualifikation und Kompetenz zu überprüfen. Diese Soll-Werte können sich aus Stellenbeschreibungen und Anforderungsprofilen ergeben. Durch den anschließenden Vergleich zwischen den Soll- und Ist-Werten, werden Über- oder Unterdeckungen von Stellen identifiziert. Die Erreichung des Ziels *Qualifikationsniveau der Mitarbeiter steigern* drückt sich durch die Reduzierung von Unterdeckungen aus. Eine Über- oder Unterdeckung zeigt außerdem auf, in welchen Bereichen besonderer Handlungsbedarf an Fort- und Weiterbildungen besteht.

3.4.2.2 Weiterbildungsaufwendungen je Mitarbeiter

Dieser Leistungstreiber gibt an, welchen Stellenwert die Fort- und Weiterbildung bei der Stadt Kehl besitzt. Dazu wird der gesamte Personalentwicklungsaufwand mit der durchschnittlichen Mitarbeiterzahl einer Periode ins Verhältnis gesetzt.[131] Hinter diesem Indikator steckt die Vermutung, dass hohe Investitionen in Personalentwicklungsmaßnahmen zu einer Zunahme des Qualifikationsniveaus führen.[132]

Zu beachten ist jedoch, dass es sich hierbei lediglich um eine Inputgröße handelt, die eine qualitative Information quantifizieren soll. Der Input korreliert allerdings nicht zwangsläufig mit dem Output. Eine Verdopplung der Aufwendungen führt nicht automatisch zu besseren Qualifizierungsergebnissen.[133] Um die tatsächliche Effektivität von Fortbildungsmaßnahmen bestimmen zu können, werden weitergehende Erfolgskontrollen in Form von anschließenden Wirkungsabfragen benötigt. Nach der Auswertung des Buchhaltungprogramms investierte die Stadt Kehl in den

---

[130] Vgl. Hafner/Polanski, S. 102.
[131] Vgl. Ebenda, S. 98.
[132] Vgl. Havighorst, S. 41.
[133] Vgl. Ebenda, S. 40.

vergangenen drei Jahren durchschnittlich folgende Beträge in die Personalentwicklung jedes Mitarbeiters:

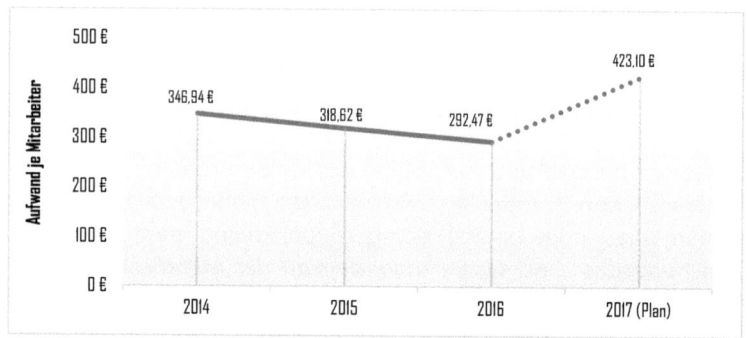

Abbildung 7: *Weiterbildungsaufwendungen je Mitarbeiter 2014 - 2017*

3.4.2.3   Emotionale Verbundenheit mit dem Arbeitgeber steigern

Unter der emotionalen Verbundenheit wird das Zusammengehörigkeitsgefühl der Abteilungen und dem Commitment mit der Stadt Kehl verstanden. Hierfür einen geeigneten Indikator zu bestimmen, gestaltet sich als schwierig. Die Messung dieser Verbundenheit könnte konkret durch eine Mitarbeiterbefragung erfolgen. Eine weitere Möglichkeit besteht in der Interpretation der eingegangenen Verbesserungsvorschläge. Durch die Anzahl der Verbesserungsvorschläge lässt sich schließen, wie sehr sich die Mitarbeiter mit den Prozessen und dem Arbeitgeber identifizieren.[134] Dieser Indikator motiviert aber nur bedingt zu einer eigentlichen Zielerreichung. Aufgrund dieser Messgröße könnten Maßnahmen ergriffen werden, die die Erreichung des eigentlichen Ziels – der Verbesserung der emotionalen Verbundenheit – nicht unterstützen, sondern lediglich zu einer Zunahme von Verbesserungsvorschlägen führen. Aus diesem Grund wird auf die Aufnahme des Indikators verzichtet.

Es stellt sich damit die Frage, ob ein strategisches Ziel auch ohne Messgrößen in die BSC integriert werden kann. Kaplan und Norton

---

[134] Vgl. Schübbe, S. 160, Havighorst, S. 38.

sehen in dem vereinzelten Fehlen von Messgrößen keine Schwächung für die Anwendung der BSC.[135] In diesen Fällen empfehlen sie dabei folgende Vorgehensweise: „Ein weiterer Ansatz [fehlende Messgrößen zu ersetzen, Anm. d. V.] besteht darin, immer dann einen Text zu verwenden, wenn Kennzahlen noch nicht entwickelt oder verfügbar sind."[136] Dieser Text soll von den ergriffenen Maßnahmen und Ergebnissen handeln und als Grundlage für die Diskussion über weitere Initiativen dienen. Der Text regt, wie auch Messgrößen, dazu an, Aktionen umzusetzen und daraus zu lernen. Kaplan und Norton weisen aber auch darauf hin, dass dieser Text kein langfristiger Ersatz für die Entwicklung einer Messgröße darstellt.[137]

3.4.2.4 Durchschnittliche Krankentage je Mitarbeiter

Neben der Steigerung der Arbeitgeberattraktivität hat das betriebliche Gesundheitsmanagement das grundsätzliche Ziel, den Krankenstand seiner Belegschaft zu senken.[138] Der Erfolg des Gesundheitsmanagements kann daher konkret durch die Krankheitsquote bewertet werden. Diese Messgröße empfiehlt sich besonders für den Vergleich mit anderen Behörden. Die KGSt bietet in diesem Bereich Benchmarks an, die sich zur eigenen Standortbestimmung eignen.[139] Um die KGSt-Benchmarks als Vergleich heranziehen zu können, muss die bisher erhobene Krankenquote an die Berechnung des KGSts angepasst werden. Die KGSt erfasst die krankheitsbedingten Ausfallzeiten nach Tagen. Die gesamten krankheitsbedingt ausgefallenen Tage werden dabei durch die Anzahl der Mitarbeiter dividiert. Krankentage von jahresmäßig anteilig tätigen Mitarbeitern sind auf ein Jahr hochzurechnen.[140] Die KGSt gliedert die Statistik in die allgemeine Verwaltung, Kita/Soziales und den manuellen Tätigkeiten auf. Die

---

[135] Vgl. Kaplan/Norton, Balanced Scorecard, S. 139.
[136] Kaplan/Norton, Balanced Scorecard, S. 139f.
[137] Vgl. Kaplan/Norton, Balanced Scorecard, S. 140.
[138] Vgl. Meifert/Kesting, S. 9.
[139] Die KGSt bietet allen Mitgliedskommunen die Erfassung der krankheitsbedingten Ausfallzeiten an, um einen Vergleich zu anderen Kommunen zu erhalten. Näheres dazu unter: https://www.kgst.de/krankentage-statistik.
[140] Vgl. KGSt-Bericht 1/2013, S. 8.

Stadt Kehl verwendet eine andere Aufteilung. Die allgemeine Verwaltung und Kita/Soziales entsprechen der Kernverwaltung bzw. den Erziehern. Unter manuellen Tätigkeiten versteht die KGSt „Beschäftigte in den Bereichen Bauhof, Hausmeister, Grünflächen, Wasser, Kanal, Straßenwärter, Raumpflege u. ä. Für die vereinfachte Datenerhebung werden einzelne Mitarbeiter, die dort direkt mit entsprechenden Verwaltungstätigkeiten, wie z. B. Stunden-/Auftragserfassung u. ä. betraut sind, mitgerechnet."[141] Neben dem Betriebshof und Reinigungspersonal, fallen auch die TDK unter diese Kategorie, da sie u. a. für die Wasserversorgung, Abwasserentsorgung und Bäderbetriebe zuständig sind. Bei dem Vergleich mit den Werten der KGSt ist zu beachten, dass in die Krankenstatistik der Stadt Kehl auch Wochenendtage einfließen. Die KGSt erfasst dagegen lediglich die Arbeitstage.[142] Im Vergleich mit der KGSt sind die Werte der Stadt Kehl somit tendenziell niedriger.

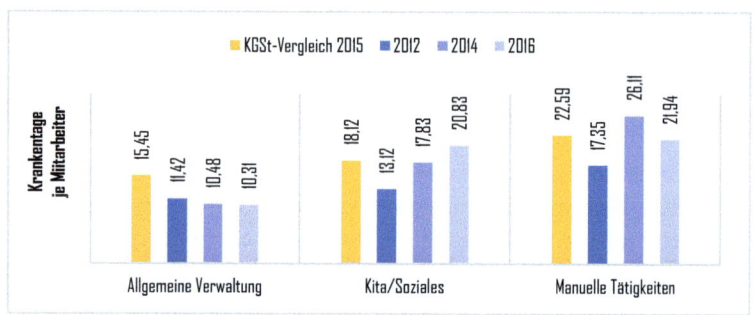

Abbildung 8: *Durchschnittliche Krankentage je Mitarbeiter der Stadt Kehl*

3.4.2.5 Teilnehmerzahl von Gesundheitsprogrammen

Das strategische Ziel *Betriebliches Gesundheitsmanagement leben* zielt darauf ab, dass das Gesundheitsbewusstsein der Mitarbeiter nicht nur innerhalb, sondern auch außerhalb der Arbeit gesteigert wird. Eine aussagekräftige Ergebniskennzahl könnte auch hier nur

---

[141] Vgl. Ebenda, S.12.
[142] Vgl. Ebenda, S. 6.

im Rahmen einer aufwendigen Mitarbeiterbefragung gebildet werden. Ein Indiz, welchen Stellenwert die Gesundheit zumindest innerhalb der Verwaltung genießt, kann die Anzahl von Teilnehmern an Gesundheitsmaßnahmen verkörpern.[143] Seit 2016 werden von der Stadt Kehl im Zusammenhang mit der Einführung eines betrieblichen Gesundheitsmanagements kostenlose Veranstaltungen für die Belegschaft angeboten.

Für die Aufnahme als Messgröße spricht hier der geringe Erhebungsaufwand. Die erforderlichen Basisdaten für die Erhebung der Messgröße liegen durch die Unterschriften der Teilnehmer oder den Vermerken des Kursleiters bereits vor. Die Messgröße hat aber auch Nachteile. Zum einen suggeriert sie, dass mehr Mitarbeiter von dem betrieblichen Gesundheitsmanagement profitieren, als dies effektiv der Fall ist. Im schlimmsten Fall nehmen immer nur dieselben Mitarbeiter an den Veranstaltungen teil, sodass nur ein kleiner Mitarbeiterkreis wirklich erreicht wird. Zum anderen sagt sie aufgrund begrenzter Teilnehmerzahlen wenig über das tatsächliche Interesse an den Veranstaltungen aus. Um dies zu vermeiden, käme zukünftig in Betracht, die Anzahl der eingegangenen Anmeldungen zu erfassen. Daraus ließe sich erkennen, ob das Interesse an den Veranstaltungen des BGM insgesamt steigt und die richtigen Themen behandelt werden.

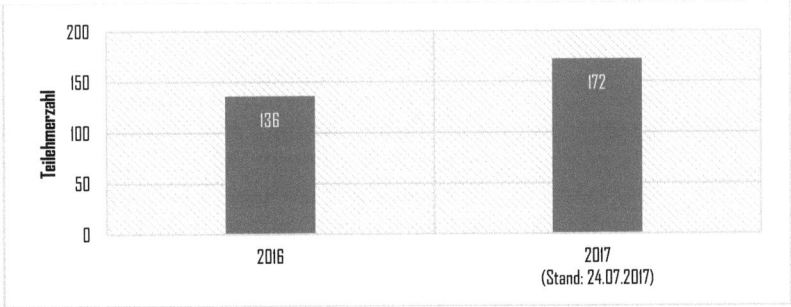

Abbildung 9: Teilnehmerzahl an Gesundheitsprogrammen 2016 und 2017

---

[143] Vgl. Schübbe, S. 146.

3.4.2.6 Anteil interner Stellenbesetzungen

Das strategische Ziel *Talente erkennen und fördern* strebt die bestmöglichste Förderung des Nachwuchses an. Werden keine Nachwuchskräfte rechtzeitig und qualitativ ausreichend ausgebildet, werden die ausgeschriebenen Stellen an externe Kandidaten vergeben. Gleichzeitig drückt die interne Stellenvergabe aus, dass das Potential der Mitarbeiter ausgeschöpft wird.[144] Der Anteil von internen Stellenbesetzungen wird daher als geeignete Ergebniskennzahl für das strategische Ziel *Talente erkennen und fördern* angesehen. Die Messgröße bildet das Verhältnis zwischen allen intern vergebenen Stellen und der Summe aller Neubesetzungen ab.[145] Die dafür notwendigen Basisdaten können aus dem Stellenportal Interamt und den Rückmeldungen der Personalsachbearbeiter gewonnen werden. Als schwierig gestaltet sich hier jedoch die Festlegung eines Zielwertes. Es ist davon auszugehen, dass nicht alle ausgeschriebenen Stellen intern besetzt werden können bzw. werden sollen. In Betracht käme hier die Bestimmung eines Zielkorridor in dessen Bereich ein Zielwert angestrebt wird. Im Jahr 2016 wurden von der Stadt Kehl 34 Stellen ausgeschrieben, von denen acht intern besetzt wurden. Dies entspricht einem Anteil von **23,5%** aller Stellenvergaben. Auch dieser Wert erhält erst durch den Vergleich mit zukünftigen Perioden oder Behörden eine Aussagekraft.

3.4.2.7 Anzahl der Qualifizierungsvereinbarungen

Als Frühindikator des Ziels *Talente erkennen und fördern* wird die Anzahl an abgeschlossenen Qualifizierungsvereinbarungen herangezogen. Damit soll zum Ausdruck gebracht werden, wie stark die Stadt Kehl sich um die Weiterentwicklung ihrer Mitarbeiter bemüht. Mitarbeiter profitieren von den Vereinbarungen, die dadurch die Eignung für höherwertige Tätigkeiten erhalten und damit ihre Aufstiegsmöglichkeiten verbessern. Die für die Messgröße erforderliche Anzahl von Qualifizierungsvereinbarungen kann aus dem DMS-Programm

---

[144] Vgl. Hopp/Göbel, S. 283.
[145] Vgl. Havighorst, S. 51.

RegiSafe ermittelt werden. Qualifizierungsvereinbarungen werden von der Stadt Kehl mit Mitarbeitern geschlossen, die eine Fort- oder Weiterbildung im Sinne des § 5 Abs. 2 Tarifvertrag des öffentlichen Dienstes (TVöD) zum Erwerb einer zusätzlichen Qualifikation (bspw. Verwaltungsfachwirt oder Ausbildereignung) betreiben. Fortbildungen, die auf die Sicherung von Fachwissen abzielen, werden in dieser Messgröße nicht abgebildet.

Zur Gewinnung von Nachwuchskräften plant die Stadt Kehl die Ein- führung eines Trainee-Programms. Dabei sollen Hochschul- absolventen systematisch aufgebaut werden, um die in Pension gehenden Beamten zu ersetzen. Im Idealfall könnten innerhalb dieser speziellen Nachwuchsförderung Messgrößen gebildet werden, die das Ziel *Talente erkennen und fördern* weiter konkretisieren.

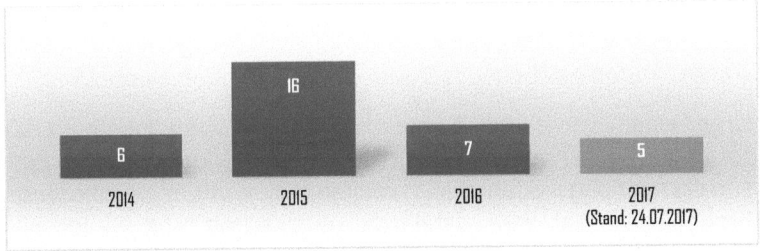

Abbildung 10: Anzahl der Qualifizierungsvereinbarungen 2014 - 2017

3.4.3 Interne Prozessperspektive

Die interne Prozessperspektive behandelt die Effizienz der strate- gisch wichtigsten Prozesse des Personalwesens. Als bedeutendste Prozesse wurden innerhalb des Strategie-Workshops das Einstel- lungsverfahren, die Ausbildung und der Personalentwicklungs- prozess identifiziert. In dieser Perspektive konnte nicht auf bereits erhobene Messgrößen zurückgegriffen werden. Um den Erhebungsaufwand nicht übermäßig ansteigen zu lassen, wurde zum Teil auf die Aufnahme von Leistungstreibern verzichtet. Die nachfolgende Abbildung zeigt die Ergebniskennzahlen und Leistungstreiber der Prozessperspektive.

Tabelle 3: Strategische Ziele und Kennzahlen der Prozessperspektive

Strategische Ziele	Ergebniskennzahl	Leistungstreiber
Kompaktes Einstellungsverfahren	Durchschnittliche Dauer des Einstellungsprozesses	
	Frühfluktuationsquote	
Bedarfsgerechte Ausbildung anbieten	Übernahmequote	
Qualifizierungen in Hinblick auf zukünftige Entwicklungen, Aufgaben und Positionen	Qualifikationsstruktur	Durchführung von Mitarbeitergesprächen
	Anteil interner Stellenbesetzungen	

3.4.3.1 Durchschnittliche Dauer des Einstellungsprozesses

Unter einem kompakten Einstellungsprozess wurde innerhalb des Strategie-Workshops maßgeblich die zügige Abwicklung des Personalgewinnungsverfahrens verstanden. Als naheliegende Ergebniskennzahl wird daher die durchschnittliche Dauer des Einstellungsprozesses erhoben. Zunächst müssen hierfür aber Start- und Endzeitpunkt des Rekrutierungsprozesses bestimmt werden. Der Prozess beginnt grundsätzlich damit, dass das betroffene Amt den Personalmangel anzeigt. Der Zeitpunkt dieser Anzeige wird allerdings bisher nicht vermerkt. Als Alternative kann stattdessen der Zeitpunkt der Stellenausschreibung verwendet werden, der durch das Stellenportal Interamt dokumentiert wird. Das Ende des Prozesses stellt der unterschriebene Arbeitsvertrag dar. Der Endzeitpunkt ist damit das Datum, auf das der Arbeitsvertrag datiert ist. Die Ergebniskennzahl hat eine motivierende Funktion, die die Mitarbeiter der Stadtverwaltung zu einem schnell durchgeführten Einstellungsprozess ermutigen soll. Bei der Interpretation darf allerdings nicht vergessen werden, dass zu einem Einstellungsverfahren auch Tätigkeiten gehören, die der Stellenausschreibung vorangehen. Darunter fällt im Wesentlichen die Definition eines Anforderungsprofils, die bei neugeschaffenen Stellen zuweilen sehr zeitintensiv sein kann.

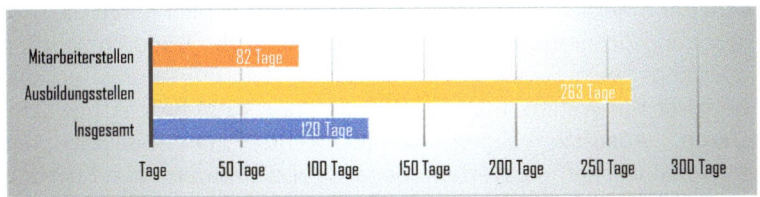

Abbildung 11: *Durchschnittliche Dauer des Einstellungsverfahrens 2016*

3.4.3.2 Frühfluktuationsquote

Eine weitere Messgröße, welche die Erreichung des strategischen Ziels *Kompaktes Einstellungsverfahren* darstellen soll, ist die Frühfluktuationsquote. Die Frühfluktuationsquote ist das Verhältnis zwischen der Anzahl von Neueintritten und der Anzahl der hiervon bereits wieder ausgetretenen Mitarbeiter innerhalb eines Zeitraums.[146] Dieser Indikator dient einerseits zur Beurteilung der Qualität des Rekrutierungsverfahrens und andererseits dem „Ausbalancieren" der Ergebniskennzahl *Durchschnittliche Dauer eines Einstellungsprozesses.*[147] Eine zu starke Fokussierung auf eine möglichst schnelle Durchführung des Personalgewinnungsverfahrens kann zu Suboptimierungen führen, da die Gefahr besteht, dass die Qualität der Personalauswahl aus den Augen gerät. Auch Kaplan und Norton sahen bei manchen Messgrößen diese Problematik und schlugen zur Vermeidung dieser negativen Folgen die Einführung eines weiteren Indikators vor: „Bei der Konstruktion des Kennzahlensystems sollte versucht werden, Suboptimierungen, die sich bei einem bestimmten Wert auf der Scorecard ergeben könnten, zu antizipieren und zusätzliche Werte einzuführen, die die Erreichung der vorrangigen BSC-Ziele auf unerwünschte Weise verhindern."[148]

---

[146] Vgl. Schübbe, S. 118.
[147] Vgl. Hafner/Polanski, S. 144.
[148] Kaplan/Norton, Balanced Scorecard, S. 159.

Auch bei dieser Messgröße gibt es eine Anpassung auf die Stadt Kehl. Die Ermittlung der ein- und bereits wieder ausgetretenen Mitarbeiter innerhalb einer Periode wäre grundsätzlich durch das Abrechnungsprogramm der Stadt Kehl möglich. Dadurch würden allerdings auch Saisonarbeiter in die Messgröße einfließen, die bewusst nur wenige Monate bei der Stadt Kehl beschäftigt sind. Deren Austritte sagen somit nichts zur Qualität des Personalbeschaffungsverfahrens aus und würden das Ergebnis verfälschen. Als Reaktion darauf, berechnet sich die Messgröße nun aus dem Verhältnis zwischen den Probezeitkündigungen und den gesamten Einstellungen einer Periode. Im Jahr 2016 wurden laut dem DMS-Programm RegiSafe keine Neueinstellungen innerhalb der Probezeit gekündigt, sodass sich eine Frühfluktuationsquote von **0%** ergibt. Ein Nachteil dieser Messgröße ist, dass nicht jede falsch besetzte Stelle zu einer Probezeitkündigung führt. Idealerweise würde die Stadt Kehl nach Ablauf der Probezeit eine quantifizierte Mitarbeiterbeurteilung durchführen, um die Qualität der Personalauswahl konkret zu messen.

3.4.3.3   Übernahmequote

Das Ziel *Bedarfsgerechte Ausbildung anbieten* wurde in die BSC aufgenommen, damit sich die Anzahl der Auszubildenden am zukünftigen Personalbedarf orientiert. Eine Messgröße, die dieses Ziel messen kann, ist die Übernahmequote. Sie berechnet sich aus der Anzahl der Übernahmen und abgeschlossenen Ausbildungen innerhalb eines Zeitraums.[149] Die Stadt Kehl übernimmt die Auszubildenden nur bei tatsächlichem Personalbedarf. Bei einer bedarfsgerechten Ausbildung würde die Übernahmequote im Idealfall daher 100% betragen.[150] Gegen diesen Indikator spricht allerdings, dass Auszubildende nicht nur aufgrund von fehlendem Personalbedarf, sondern auch aus anderen Gründen nicht übernommen werden. Es wird deshalb empfohlen, neben der Erhebung der Übernahmequote auch, wie in der Abbildung 12 dargestellt, die Ursachen für die fehlende Übernahme zu erfassen.

---

[149] Vgl. Hafner/Polanski, S. 138.
[150] Vgl. Schübbe, S. 104.

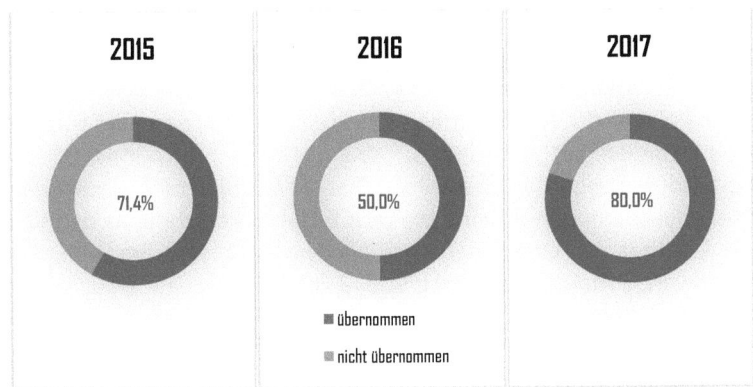

Abbildung 12: Übernahmequoten 2015 - 2017

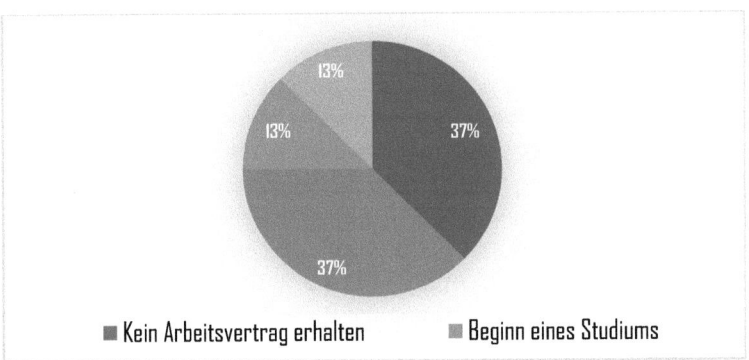

Abbildung 13: Gründe für fehlende Übernahme 2015 – 2017

3.4.3.4 Qualifizierungen in Hinblick auf zukünftige Entwicklungen, Aufgaben und Positionen

Dieses strategische Ziel arbeitet auf eine effiziente Personalentwicklung hin. Einerseits sollen die richtigen Fortbildungen angeboten werden und andererseits die richtigen Personen diese Fortbildungen besuchen. Die Erreichung dieses Ziels drückt sich in zwei bereits vorgestellten Ergebniskennzahlen aus: der *Qualifikationsstruktur* und dem *Anteil an internen Stellenbesetzungen*. Wie an vorheriger Stelle erwähnt, kann durch die Qualifikationsstruktur abgebildet werden, ob ausreichend qualifiziertes Personal bei der Stadt Kehl arbeitet. Reduziert sich die Anzahl der qualitativen

Unterdeckung von Stellen, deutet dies darauf hin, dass gezielt fortgebildet wird und die richtigen Maßnahmen ergriffen werden.[151] Die Entwicklung einer Qualifikationsstruktur stellt nicht nur das Ergebnis der Personalentwicklung dar, sondern identifiziert auch diejenigen Personen, bei denen ein besonderer Fortbildungsbedarf besteht. Der Anteil der internen Stellenbesetzungen ist eine weitere Ergebniskennzahl, in der sich die Qualität der Qualifizierungsmaßnahmen ausdrückt. Wird das eigene Personal zielgerichtet und ausreichend qualifiziert, senkt sich der Anteil der Stellen, die an externe Kandidaten vergeben werden müssen.

Als Leistungstreiber für das strategische Ziel, könnte die Anzahl der durchgeführten Mitarbeitergespräche dienen. Mitarbeitergespräche sind regelmäßig stattfindende Einzelgespräche zwischen Mitarbeitern und ihren Vorgesetzten, in denen gezeigte Leistungen und zukünftige Ziele thematisiert werden.[152] Neben der motivierenden Wirkung eines solchen Gesprächs, eignet es sich auch als Instrument der Personalentwicklung: Durch ein Personalgespräch „besteht die Chance, dass man im direkten persönlichen Gespräch über die Karriereplanung und den damit verbundenen Entwicklungsbedarf spricht. Auf diese Weise können die Interessen und die Vorstellungen der Mitarbeiter mit in die Bedarfsermittlung einbezogen werden."[153] Die Anzahl solcher Mitarbeitergespräche kann daher als Frühindikator für eine effiziente und bedarfsorientierte Personalentwicklung angesehen werden. Wichtige Voraussetzung hierfür ist allerdings, dass bindende Regelungen für die Durchführung eines Mitarbeitergesprächs bestehen.[154]

3.4.4 Mitarbeiterperspektive

Die strategischen Ziele der Mitarbeiterperspektive bildet das Fundament für die Erreichung der vier weiteren Perspektiven. Es

---

[151] Vgl. Hafner/Polanski, S. 103.
[152] Vgl. Hopp/Göbel, S. 261.
[153] Ebenda, S. 319.
[154] Vgl. Schübbe, S. 150.

sind vorrangig die Personalsachbearbeiter, die die Basis für den Erfolg des Personalwesens schaffen. Infolgedessen wurden innerhalb des Workshops ein hohes Fachwissen und hohe soziale Kompetenzen als wesentliche Grundlage für die Personalarbeit erkannt. Auch hier stehen „weiche" Faktoren im Mittelpunkt der Ziele, wodurch die Messung maßgeblich erschwert wird. Der Verfasser kam zu dem Schluss, dass eine Ergebniskennzahl zunächst nur theoretisch erhoben werden soll. Als Leistungstreiber dieser Ziele wurde die Quote der Personalentwicklungsaufwendungen bestimmt.

Tabelle 4: Strategische Ziele und Kennzahlen der Mitarbeiterperspektive

Strategische Ziele	Ergebniskennzahl	Leistungstreiber
Fachwissen sichern		Aufwendungsquote für Personalentwicklung
Soziale Kompetenzen nachhaltig entwickeln		

Die Ziele *Fachwissen sichern* und *Soziale Kompetenzen nachhaltig entwickeln* sind nur schwierig in Messgrößen zu übersetzen. Eine Möglichkeit bestünde im Aufbau einer Lernerfolgskontrolle in Form von Leistungsbeurteilungen. Diese haben die Funktion, erbrachte Leistungen anzuerkennen und Leistungsmängel festzustellen.[155] Durch verschiedene Beurteilungsverfahren können diese quantifizierte Ergebnisse über den Weiterbildungsbedarf und den Erfolg von Fortbildungsmaßnahmen liefern.[156] Dabei ist jedoch die tatsächliche Kausalität zwischen Leistung und Fortbildung problematisch. Ob positive Qualifikations- oder Verhaltensänderungen ihre Ursache in Fortbildungsmaßnahmen haben, ist nur selten festzustellen.[157] Auf die Aufnahme als Ergebniskennzahl wurde deshalb verzichtet. Wie unter Punkt 3.5.3.4 bereits dargestellt, kann auch ohne die Aufnahme einer Ergebniskennzahl die Umsetzung eines strategischen Zieles im Rahmen der BSC gewährleistet werden.

---

[155] Vgl. Hopp/Göbel, S. 317.
[156] Vgl. Ebenda, S. 314ff.
[157] Vgl. Schulte, S. 25.

Ein Leistungstreiber, der feststellt, dass das Fachwissen der Personalsachbearbeiter gesichert wird und ob sich deren soziale Kompetenzen nachhaltig entwickeln, kann die Aufwendungsquote der Personalentwicklung sein. Die Aufwendungsquote gibt an, wie hoch der Anteil der Personalentwicklungskosten an den gesamten ordentlichen Aufwendungen des Personalwesens ist.[158] Ähnlich wie die Weiterbildungskosten je Mitarbeiter soll die Höhe der Investitionen in Fort- und Weiterbildung der Personalsachbearbeiter Rückschluss auf den Ausbau ihrer Kompetenzen geben. Da es sich hierbei lediglich um eine Inputgröße handelt, werden zur Outputmessung weitere Erfolgskontrollen (bspw. Leistungsbeurteilungen) benötigt. Durch das Buchhaltungsprogramm der Stadt Kehl kann die Aufwendungsquote mit einem geringen Aufwand erhoben werden.

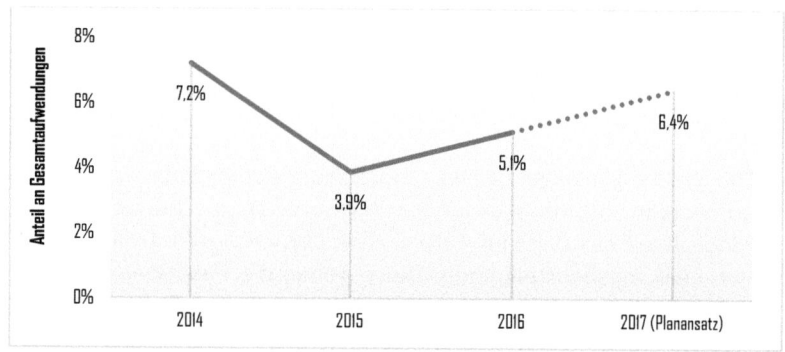

Abbildung 14: Aufwendungsquote für Personalentwicklung 2014 - 2017

3.4.5 Finanzperspektive

In der klassischen BSC ist die Finanzperspektive die Spitze der Zielhierarchie. Für die Anwendung in der öffentlichen Verwaltung wurde diese herausragende Stelle abgeschwächt. Die Finanzperspektive genießt dennoch eine hervorgehobene Stellung, wenngleich sie auch nicht den Erfolg der Produktgruppe misst. Die zugewiesenen finanziellen Mittel schränken das Personalwesen in

---

[158] Vgl. Ebenda, S. 97.

der Erledigung ihrer Aufgabe ein. Besonders wird dies in der Anzahl der Stellen und Mittel zur Personalentwicklung deutlich. Für die Finanzperspektive bildet der Haushaltsplan damit die Grundlage für die strategischen Ziele und Messgrößen.

Tabelle 5: Strategische Ziele und Kennzahlen der Finanzperspektive

Strategische Ziele	Ergebniskennzahl	Leistungstreiber
Budget des Haushaltsplans einhalten	Soll-Ist-Vergleich Ordentliches Ergebnis des Personalwesens	
Stellenplan einhalten	Soll-Ist-Vergleich des Stellenplans	

Die Einhaltung des Haushaltsansatzes stellt das erste Ziel innerhalb der Finanzperspektive dar. Als Ergebniskennzahl für dieses Ziel dient der Vergleich zwischen dem geplanten und dem erreichten ordentlichen Ergebnis. Das ordentliche Ergebnis ist die Gegenüberstellung der regelmäßig wiederkehrenden und planbaren Erträge und der aus gewöhnlichen Verwaltungstätigkeiten entstandenen Aufwendungen.[159] Der Vergleich kann problemlos zwischen dem Ansatz des Haushaltsplans und dem Jahresabschluss durchgeführt werden.

---

[159] Vgl. Ade/Notheis/Schmid, S. 869, Rn. 1317.

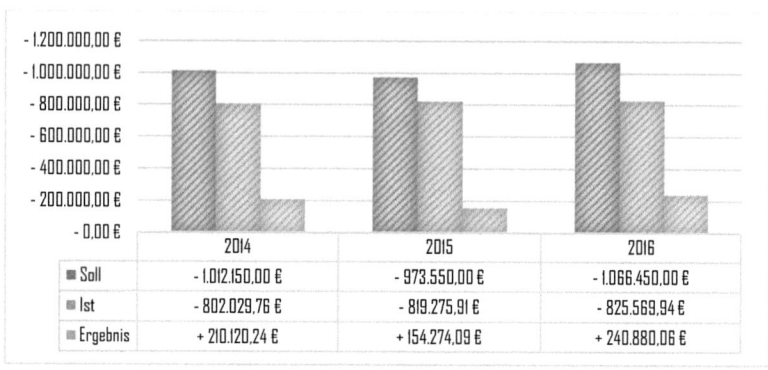

	2014	2015	2016
■ Soll	- 1.012.150,00 €	- 973.550,00 €	- 1.066.450,00 €
■ Ist	- 802.029,76 €	- 819.275,91 €	- 825.569,94 €
■ Ergebnis	+ 210.120,24 €	+ 154.274,09 €	+ 240.880,06 €

Abbildung 15: Ordentliches Ergebnis 2014 - 2016

Ähnlich verhält sich dies bei der Einhaltung des Stellenplans. Der Stellenplan ist die quantitative und qualitative Auflistung aller Stellen, für deren Besetzung die Verwaltung ermächtigt ist.[160] Im Jahr 2016 wurden im Haushaltsplan Personalaufwendungen in Höhe von 23.845.150,00 € veranschlagt, was ca. 28,6% der gesamten ordentlichen Aufwendungen der Stadt Kehl entspricht. Der Hauptbestandteil entfällt dabei auf die Löhne und Gehälter der Belegschaft. Es ist daher naheliegend, dass die Einhaltung des Stellenplans auch elementar für die Einhaltung des gesamten Haushaltsplans ist. Der Stellenplan ist Bestandteil des Haushaltsplans, wodurch ein Soll-Ist-Vergleich ohne Mehraufwand durchführbar ist.

Tabelle 6: Soll-Ist-Vergleich des Stellenplans 2016

	Plan	Tatsächlich besetzt
Stadtverwaltung - Beamte	47,00	35,00
Stadtverwaltung - Beschäftigte	407,97	407,76
TDK - Beamte	2,00	0
TDK - Beschäftigte	52,61	48,00
Summe	509,58	490,76

---

[160] Vgl. KGSt-Gutachten 1/2009, S. 9.

3.5 Zusammenfassung und Ausblick

Die Einführung der BSC soll bei der Stadt Kehl durch ein Bottom-Up-Verfahren eingeführt werden. Dabei entwickeln die unteren Ebenen Strategien und Ziele, die die übergeordneten Ebenen weiter ausbauen. Die Ebenen orientieren sich dabei an der Struktur des Haushaltplans mit den Produktgruppen als unterste Einführungsebene. Dabei wurde die Produktgruppe Personalwesen als Pilotbereich ausgewählt. Es wurde festgestellt, dass im Personalbericht zum Doppelhaushalt 2017/2018 bereits Handlungsschwerpunkte definiert wurden, die als Ausgangspunkt für die Ableitung von strategischen Zielen dienten. Die Formulierung der Ziele fand im Rahmen eines Workshops mit den Personalsachbearbeitern und dem Leiter des Personalwesens statt. Dabei wurden für alle BSC-Perspektiven Ziele formuliert und ihre Wechselwirkung auf andere Ziele überprüft. Im nächsten Schritt sollten für jedes strategische Ziel sowohl Früh- als auch Spätindikatoren ausgewählt werden. Zusammen mit den Personalsachbearbeitern wurde versucht, die dafür erforderlichen Basisdaten zu ermitteln. Aufgrund fehlender Dokumentation war dies nicht bei allen Messgrößen machbar. Die Berechnung der Messgrößen wurde dann an die vorliegenden Daten angepasst. Als Ergebnis können 13 strategische Ziele und 17 Indikatoren fest-gehalten werden, die in Abbildung 15 dargestellt sind.

Damit die BSC in einen Managementkreislauf integriert werden kann, sind noch weitere Entwicklungsschritte notwendig. Zunächst sind auf Basis der Ist-Werte anspruchsvolle, aber auch realistische Zielvorgaben festzulegen. Dies gelingt nur, wenn geeignete Vergleichswerte vorliegen. Diese können sich aus den Vergangenheitswerten, aber auch aus Benchmarks wie bspw. die der KGSt bilden. Die Festlegung dieser Zielwerte ermöglicht einerseits eine Übernahme in das bestehende Controllingsystem und führt andererseits zu einem gewissen Commitment zwischen den Verantwortlichen.[161] Erst durch die Zuordnung und Dokumentation von Aktionen und Maßnahmen, die die

---

[161] Vgl. Horváth & Partner, S. 239.

Zielerreichung ermöglichen, ist der Entwicklungsprozess der BSC abgeschlossen. Das Erreichen des festgelegten Zielwerts spielt bei der Überprüfung sogar eine untergeordnete Rolle. Vielmehr soll die Zielsetzung verhaltenssteuernd wirken und Auskunft darüber geben, ob sich die Organisationseinheit auf dem richtigen Weg befindet.[162] Die Entwicklung einer BSC ist allerdings keine einmalige Aktion, sondern ein kontinuierlicher Prozess. Durch die ständige Evaluierung der Ergebnisse, Ziele und Aktionen wandelt sich die BSC von einer reinen Leistungsbeurteilung zu einem strategischen Managementprozess.

---

[162] Vgl. Ebenda, S. 243.

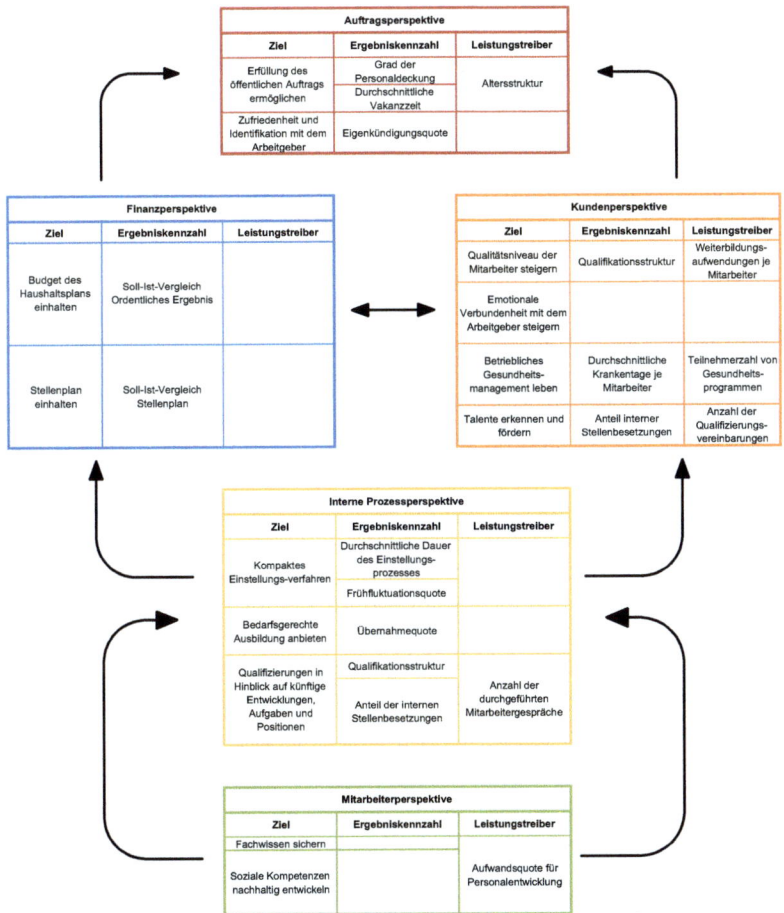

Abbildung 16: *Balanced Scorecard des Personalwesens*[163]

---

[163] Eigene Darstellung.

4 Resümee

Der Verfasser hält abschließend fest, dass auf Basis des Balanced Scorecard-Konzepts Ziele und zugehörige Messgrößen für das Personalwesen der Stadt Kehl entwickelt werden konnten. Ein wesentlicher Faktor war dabei die Anpassung der Scorecard-Perspektiven an die öffentliche Verwaltung, indem auf die unterschiedliche Rolle des Auftraggebers in der Privatwirtschaft und öffentlichen Verwaltung eingegangen wurde. Es wurde dahingehend reagiert, dass die klassischen BSC-Perspektiven durch die Auftragsperspektive ergänzt wurden. Bereits in dem Personalbericht zum Doppelhaushalt 2017/2018 wurden Handlungsschwerpunkte definiert, die zur mittelfristigen Personaldeckung führen sollen. Auf dieser Grundlage wurde der Strategie-Workshop aufgebaut und mit Hilfe der Personalsachbearbeiter für alle Scorecard-Perspektiven strategische Ziele entwickelt. Die Mitarbeiter formulierten 13 Ziele und konnten somit aktiv die zukünftige Ausrichtung des Personalwesens mitgestalten. Durch die Abbildung der Ursachen- und Wirkungsbeziehungen wurde in verständlicher Form die gegenseitige Abhängigkeit der Ziele dargestellt. Die bisher verwendeten Indikatoren wurden in die BSC integriert und durch neue, steuerungsrelevante Messgrößen ergänzt. Die Verknüpfung zwischen Zielen und Messgrößen dient dazu, die Handlungsschwerpunkte und strategischen Ziele weiter zu konkretisieren und machen diese überprüfbar und transparent.

Ein Nebeneffekt der Konzipierung ist, dass die Ziele und deren Messgrößen in die Produktgruppen des Haushaltsplans eingearbeitet werden können. Durch die Aufnahme der relevantesten Ziele, können außerdem durch die BSC Schlüsselprodukte identifiziert werden, die für die Stadt Kehl von besonderer Bedeutung sind. Als problematisch hingegen könnte sich zukünftig das zu pauschale Leitbild der Stadt Kehl erweisen. Ohne konkrete Vision lassen sich daraus nur schwierig gemeinsame strategische Ziele ableiten, sodass jeder Bereich seine eigene Strategie ohne einheitliche Orientierung verfolgt.

Die Aufnahme der in strategischer Hinsicht bedeutsamsten Ziele, kann jedoch als Kritikpunkt an dem BSC-Konzept angesehen werden. Ziele, die zwar grundsätzlich wichtig sind, aber in keinem Bezug zur Strategie stehen, werden durch die BSC nicht abgebildet. Daraus folgt, dass ihnen keine Messgröße und keine Aktionen zugeordnet werden. Eine Leistungsbeurteilung erfolgt in diesen Bereichen nicht. Die gewollte Komplexitätsreduzierung führt somit zwangsläufig zu einem Informationsverlust. Der Verfasser kommt daher zu dem Schluss, dass die BSC ein klassisches Performance-Management nicht ersetzen kann. Des Weiteren muss beachtet werden, dass die Messgrößen nur die Symptome darstellen: Nicht das Ergebnis des Indikators (Bspw. eine niedrige Übernahmequote) ist das Problem, sondern die Ursache, die einen auffälligen Wert hervorruft. Eine tiefergehende Analyse ist für die Interpretation des Indikators daher unabdinglich. Auch die Bildung von Ursachen- und Wirkungsbeziehungen basiert lediglich auf dem Erfahrungsschatz der Mitarbeiter und deren Führungskräfte. Diese Korrelationen basieren allerdings nur auf Vermutungen und sind nicht belegt.

Ein Strategiebildungsprozess konnte hier nur am Rande behandelt werden. Aus Praktikabilitätsgründen wurden die Handlungsschwerpunkte des Personalberichts als Strategie übernommen. Für die Anwendung innerhalb einer BSC sollte eine Strategie aber grundsätzlich präziser herausgearbeitet werden, da so die Ableitung der Ziele vereinfacht werden kann. Nach der Durchführung des Workshops sieht der Verfasser dies jedoch zwiegespalten. Einerseits kann das Argument nachvollzogen werden, da die Ziele damit einen klaren Rahmen erhalten und eine ausformulierte Strategie die Auswahl der relevanten Ziele unterstützt. Andererseits wird dadurch auch die Diskussion über die Stärken und Schwächen der Einheit im Vorfeld bereits abgeschwächt und eine Chance zu einem besseren Informationsaustausch vertan. Durch den Workshop wird den betroffenen Mitarbeitern eine Plattform gegeben, ihre eigene Auffassung an Schwierigkeiten einzubringen. Mögliche Problemfelder können durch die kritische Hinterfragung erst aufgedeckt werden. Die Mitarbeiter haben somit die Möglichkeit, aktiv an der zukünftigen Ausrichtung mitzubestimmen. Im Nachhinein kommt der Autor außerdem zu dem Schluss, dass die Ziele der Kundenperspektive nicht nur im Rahmen eines Workshops formuliert werden sollten. Die Kundenperspektive sollte auch die Erwartungen der Kunden widerspiegeln. Im Idealfall geht dem Strategie-Workshop daher eine Kundenbefragung voraus. Dadurch können die Ziele und Produkte auf die Wünsche und Forderungen der Kunden angepasst werden.

Für den Verfasser ist das Balanced Scorecard-Konzept aber insgesamt ein geeignetes Mittel, um den Spagat zwischen operativer und strategischer Steuerung erfolgreich zu meistern. Durch die Dokumentation von Zielen, Messgrößen und strategischen Aktionen kann sie verhindern, dass eine entwickelte Strategie im Alltag untergeht. Die wohl größte Stärke der BSC ist nach Auffassung des Autors aber nicht die Leistungsbeurteilung, sondern die intensive Auseinandersetzung mit Visionen und Zielen. Die BSC bietet Hilfestellung für ein strukturiertes Vorgehen zur Formulierung von Zielen, deren Messung und Kommunikation. Durch die Einbeziehung der Mitarbeiter und Führungskräfte in den Entwicklungsprozess, sowie der einfachen und transparenten Darstellung führt sie zu einem höheren Verständnis über die zukünftig angestrebte Entwicklung. Nach Auffassung des Verfassers eignet sich die Konzeption einer BSC damit besonders für die ersten Schritte im Aufbau eines strategischen Managements.

Literaturverzeichnis

Fachbücher

Ade, K., et al. (2011). *Kommunales Wirtschaftsrecht in Baden-Württemberg* (8. Ausg.). Stuttgart: Boorberg Verlag.

zitiert als: Ade/Notheis/Schmid

Ehrmann, H. (2007). *Kompakt-Training: Balanced Scorecard* (4. Ausg.). Ludwigshafen: Friedrich Kiehl Verlag GmbH.

zitiert als: Ehrmann

Friedag, H. R. & Schmidt, W. (2002). *Balanced Scorecard: Mehr als ein Kennzahlensystem* (4. Ausg.). Freiburg: Haufe Verlag.

zitiert als: Friedag/Schmidt

Gottbehüt, C. (2002). Balanced Scorecard als Steuerungsinstrument für Kommunalverwaltungen. In A. G. Scherer, & J. M. Alt (Hrsg.): *Balanced Scorecard in Verwaltung und Non-Profit-Organisationen*. Stuttgart: Schäffer-Poeschel Verlag. S. 93-116

zitiert als: Gottbehüt

Gourmelon, A., Mroß, M. & Seidel, S. (2014). *Management im öffentlichen Sektor* (2. Ausg.). Heidelberg: Rehm Verl.-Gruppe Hüthig Jehle Rehm.

zitiert als: Gourmelon/Mroß/Seidel

Hafner, R. & Polanski, A. (2015). *Kennzahlen-Handbuch für das Personalwesen* (2. Ausg.). Zürich: PRAXIUM-Verlag.

zitiert als: Hafner/Polanski

Havighorst, F. (2006). *Personalkennzahlen.* Düsseldorf: Hans-Böckler-Stiftung.

zitiert als: Havighorst

Hopp, H. & Göbel, A. (2013). *Management in der öffentlichen Verwaltung: Organisations- und Personalarbeit in mordernen Kommunalverwaltungen* (4. Ausg.). Stuttgart: Schäffer-Poeschel Verlag.

zitiert als: Hopp/Göbel

Horváth & Partners. (2004). *Balanced Scorecard umsetzten* (3. Ausg.). Stuttgart: Schäffer-Poeschel Verlag.

zitiert als: Horváth

Jossé, G. (2005). *Balanced Scorecard: Ziele und Strategien messbar umsetzen.* München: C. H. Beck Verlag.

zitiert als: Jossé

Kaplan, R. S. & Norton, D. P. (1997). *Balanced Scorcard: Strategien erfolgreich umsetzen.* Stuttgart: Schäffer-Poeschel Verlag.

zitiert als: Kaplan/Norton, Balanced Scorecard

Kaplan, R. S. & Norton, D. P. (2001). *Die strategiefokussierte Organisation: Führen mit der Balanced Scorecard.* Stuttgart: Schäffer-Poeschel Verlag.

zitiert als: Kaplan/Norton, Strategiefokussierte Organisation

Lisges, G. & Schübbe, F. (2005). *Personalcontrolling: Personalbedarf planen, Fehlzeiten reduzieren, Kosten steuern.* München: Haufe Verlag.

zitiert als: Lisges/Schübbe

Meifert, M. T. & Kersting, M. (2004). *Gesundheitsmanagement im Unternehmen.* Berlin: Springer Verlag.

zitiert als: Meifert/Kersting

Scherer, A. G. (2002). Besonderheiten der strategischen Steuerung in Öffentlichen Institutionen und der Beitrag Balanced Scorecard. In A. G. Scherer & J. M. Alt (Hrsg.): *Balanced Scorecard in Verwaltung und Non-Profit-Organisationen.* Stuttgart: Schäffer-Poeschel Verlag. S. 3 - 25

zitiert als: Scherer

Schübbe, F. (2016). *Personalkennzahlen: Vom Zahlenfriedhof zum Management-Dashboard* (2. Ausg.). Norderstedt: Books on Demand.

zitiert als: Schübbe

Schulte, C. (1989). *Personal-Controlling mit Kennzahlen.* München: Franz Vahlen Verlag.

zitiert als: Schulte

KGSt-Berichte

Heinz, R. (2000). Strategisches Management I: Leitbericht für Politik und Verwaltungsführung (Bericht Nr. 8/2000). Köln.

zitiert als: KGSt 8/2000

Heinz, R. (2000). Strategisches Management III: Zielbezogene Budgetierung (Bericht Nr. 10/2000). Köln

zitiert als: KGSt 10/2000

Klein, H. (2003). *Kennzahlengestütztes Personalcontrolling* (Bericht Nr. 5/2003). Köln.

zitiert als: KGSt 5/2003

Siepmann, H., Klein, H. & Ottersbach, N. (2009). *Stellenplan – Stellenbewertung. 7. Auflage* (Gutachten Nr. 1/2009). Köln

zitiert als: KGSt 1/2009

Wick, T. (2013). *Personal- und Organisationsservice. Krankentage-Statistik* (Bericht aus der Vergleichsarbeit 1/2013). Köln

zitiert als: KGSt 1/2013